FACULTÉ DE DROIT DE PARIS.

THÈSE

POUR LE DOCTORAT.

L'acte public sur les matières ci-après sera soutenu,
Le Jeudi 14 Juillet 1859, à huit heures et demie,

Par EMILE GAYOT,
Né à Troyes (Aube),
Avocat près la Cour Impériale de Paris.

Président : M. C.-A. PELLAT, Doyen de la Faculté, Professeur.

Suffragants : MM. VALETTE, DURANTON, Professeurs. RATAUD, BATBIE, Suppléants.

Le Candidat répondra en outre aux questions qui lui seront faites sur les autres matières de l'enseignement.

TROYES.

BOUQUOT, IMPRIMEUR-LIBRAIRE,
Rue Notre-Dame, 43.

1859.

DROIT ROMAIN.

DE LEGE COMMISSORIA.

(D. liv. XVIII, tit. III.)

La théorie des droits du vendeur non payé est, en droit romain, d'une grande simplicité.

A Rome, la vente est seulement productive d'obligations; la tradition elle-même ne transfère la propriété qu'autant qu'elle a été accompagnée du paiement du prix; sans cela, elle ne confère à l'acheteur qu'une possession précaire que le vendeur peut faire cesser au moyen de la revendication (§ 41, Instit. *de rerum divis.*). Mais cette revendication ne résout nullement la vente : elle la laisse subsister avec les actions personnelles qui en dérivent, et son unique effet est de remettre les choses dans l'état où elles se trouvaient avant la livraison.

C'est là le droit commun. Par exception, quand le vendeur a suivi la foi de l'acheteur, quand, par exemple, il lui a accordé un terme, quand il a reçu de lui un gage, une hypothèque, un fidéjusseur ou un *expromissor,* ou tout autre garantie, alors il cesse irrévocablement d'être propriétaire à partir du moment où il a livré la chose : de ce moment, il ne peut plus prétendre a aucun droit sur la chose vendue; il est simple créancier, il n'a plus qu'une action personnelle pour exiger le paiement.

Dans ces termes, la position du vendeur était fort dure; il courait risque de tout perdre, sa chose et le prix. Mais il avait un moyen d'échapper à cette rigueur : la résolution de la vente pouvait résulter d'une clause expresse, appelée chez les Romains *lex commissoria*, clause qui s'ajoutait très-fréquemment au contrat, et devenait une de ses lois.

C'est de cette clause que nous avons spécialement à nous occuper.

Nous diviserons notre matière en quatre parties principales. Nous étudierons successivement :

1° Les caractères généraux de la *lex commissoria;*

2° Ses effets pendant qu'elle est en suspens;

3° Son accomplissement ou son non-accomplissement;

4° Ses effets quand elle s'est réalisée.

CHAPITRE PREMIER.

Caractères généraux de la LEX COMMISSORIA.

La *lex commissoria* est un pacte en vertu duquel la vente doit être résolue, si le prix n'est pas payé.

La dénomination dont ce pacte est revêtu a provoqué des recherches savantes ; mais la controverse qu'elle a soulevée ne présente qu'un intérêt grammatical. Ce qui paraît le plus probable, c'est que le mot *committere* exprime l'idée d'un évènement prévu qui se réalise, et d'un effet produit par cette réalisation. — Ainsi, c'est en ce sens que l'on dit : *stipulatio committitur*. En matière de vente, l'expression *commissoria* signifie que le cas dont il s'agit étant arrivé, ou, en d'autres termes, que le prix n'ayant pas été payé, il y a lieu d'appliquer la loi qu'ont faite les parties elles-mêmes, c'est-à-dire la résolution.

En général, la *lex commissoria* contient fixation d'un délai dans lequel l'acheteur doit payer, et passé lequel il ne le peut plus : *ut si intra certum tempus pretium solutum non sit, res inempta sit.* — Mais ce n'est là qu'un usage ; la détermination d'un délai n'est pas un élément essentiel du pacte, et l'on peut très-bien convenir purement et simplement qu'à défaut de paiement la vente sera résolue, et ce, sans autre addition. (Arg. L. 3, *de contr. empt.;* L. 41, *de rei vind.*)

De même, de ce que l'on verra habituellement la *lex*

commissoria ajoutée, *in continenti*, à un contrat de vente, il ne faut pas en conclure qu'il est impossible de l'y ajouter *ex intervallo*. On le pourra, si les choses sont encore *res integræ*.

En effet, d'après la théorie générale des *pacta adjecta*, si les choses sont encore entières, si le contrat n'a été exécuté ni de part ni d'autre, la vente primitive sera dissoute par le mutuel consentement, et remplacée par une vente nouvelle, résoluble sous condition. La *lex commissoria* dont les parties conviennent après coup, porte, en effet, sur les éléments essentiels de la vente, et nous savons que les pactes joints qui viennent modifier *ex intervallo* la substance même des contrats consensuels, produisent les mêmes actions que ces contrats.

Mais, si la vente avait été exécutée par le vendeur, s'il avait livré la chose, la *lex commissoria* intervenant postérieurement à la conclusion du marché ne serait garantie par aucune action ; les pactes joints *ex intervallo* même à un contrat consensuel, ne donnent lieu qu'à une exception, quand les choses ne sont plus entières. Dans ce cas, si l'acheteur avait volontairement restitué, après l'expiration du délai fixé dans la *lex commissoria*, la chose vendue et livrée, et qu'ensuite il voulût agir *ex empto* en vertu de la vente, le vendeur ferait valoir le pacte de résolution au moyen de l'*exceptio pacti conventi* sous-entendue dans la formule de l'*actio empti*. (L. 72, *de contrah. empt.;* L. 7, § 5, et L. 58, *de pactis;* L. 2, *de resc. vend.*)

Il est une question qui, ainsi que nous le verrons, présente la plus grande importance au point de vue des effets qui peuvent résulter de la manière dont elle sera envisagée : c'est la question de savoir si la *lex commissoria* constitue une condition résolutoire, ou une condition suspensive de la vente.

Sur ce point, plusieurs systèmes.

Suivant un premier système, la vente est pure et simple,

mais résoluble sous condition. La *lex commissoria* ne peut jamais être qu'une condition résolutoire. — Cette opinion argumente d'un grand nombre de textes; elle invoque :

1° La loi 1, *de leg. comm.* « Si fundus commissoriâ lege » venierit, magis est, ut sub conditione resolvi emptio, » quàm sub conditione contrahi videatur. »

2° La loi 2, *de in diem addictione.* « Quotiens fundus in » diem addicitur, utrùm pura emptio est, sed sub condi- » tione resolvitur; an vero conditionalis sit magis emptio, » quæstionis est. Et mihi videtur verius, interesse quid ac- » tum sit : nam si quidem hoc actum est, ut meliore allatâ » conditione discedatur, erit pura emptio, quæ sub condi- » tione resolvitur : sin autem hoc actum est, ut perficiatur » emptio, nisi melior conditio afferatur, erit emptio condi- » tionalis. »

Le rapprochement de ces deux lois, dit-on, est significatif. Elles ont été empruntées au même jurisconsulte Ulpien; elles sont tirées du même ouvrage, le livre 28 du *Commentaire sur Sabinus.* S'agit-il de la *lex commissoria,* Ulpien n'hésite pas : il déclare que la vente est non pas conditionnelle, mais pure et simple, et résoluble sous condition. — S'agit-il de l'*addictio in diem,* après avoir posé nettement la question, il dit que tout dépend de l'intention des parties, et que la vente avec *addictio in diem* est tantôt conditionnelle, tantôt pure et simple, mais affectée d'une possibilité de résolution, suivant la volonté des contractants. Or, si le pacte commissoire avait pu être considéré comme une condition suspensive, est-il possible de croire qu'Ulpien n'aurait pas fait, à propos de ce pacte, la même distinction qu'à propos de l'*addictio in diem,* lorsqu'il traitait de ces deux clauses en même temps, dans le même livre, et qu'il les comparaît peut-être l'une avec l'autre? — Donc si Ulpien n'a pas fait cette distinction, c'est parce que le pacte commissoire n'était envisagé chez les Romains que comme une condition résolutoire.

3° Sur la loi 2, § 3, *pro emptore* : « Sabinus, si sic » empta sit, ut nisi pecunia intra diem certum soluta esset, » inempta res fieret, non usucapturum, nisi persolutâ pecu- » niâ : sed videamus, utrum conditio sit hoc an conventio? » Si conventio est, magis resolvetur quàm implebitur. »

4° Sur beaucoup d'autres fragments renfermés dans le titre spécial *de lege commissoriâ*, ou épars dans les Pandectes; par exemple, les lois 4, 5, 8 *de lege comm.*; L. 38, *princ. de minoribus*.

Dans un autre système, on convient que les textes précités sont tous conçus dans le sens d'une vente pure et simple, affectée d'une clause de résolution; mais on les interprète comme l'expression de la volonté la plus usuelle des parties, plutôt que comme l'indication d'une théorie arrêtée, qui aurait consisté à frapper de nullité tout pacte faisant intervenir la *lex commissoria* comme condition suspensive.

Un dernier système va plus loin; il ne s'arrête pas à cette assertion que les textes invoqués par les partisans de la première opinion sont seulement la manifestation de ce qui avait lieu habituellement, il soutient que dans le Digeste il se rencontre des textes qui, supposant formellement la possibilité d'attribuer à la *lex commissoria* le caractère d'une condition suspensive, condamnent la prétention de ceux qui ne comprennent le pacte commissoire qu'avec le caractère résolutoire.

A l'appui de cette affirmation, on a invoqué la loi 38, § 2, *ad legem Falcidiam* : « Cujus usufructus alienus est, in » dominio proprietatis connumeratur : pignori dati, an » debitoris : sub lege commissoriâ distracti, item ad diem » addicti, in venditoris. »

Ce texte est relatif à la composition de la masse héréditaire pour le calcul de la quarte falcidie, et le jurisconsulte Hermogénien comprend dans les biens laissés par le vendeur les esclaves vendus sous la *lex commissoria*, preuve, dit-on, que l'acheteur n'en est pas devenu propriétaire, qu'ils appartiennent encore à l'hérédité. Or, comment pourraient-ils lui appartenir, si la *lex commissoria* ne suspendait pas les effets de la vente?

Cet argument a une certaine force. Cependant le texte précité est-il bien aussi formel qu'on le dit? Prouve-t-il aussi invinciblement qu'on le prétend la conditionnalité de la vente commissoire? En un mot, est-il de toute nécessité de supposer que les effets de la vente ont été suspendus, pour comprendre comment les esclaves vendus sous la *lex commissoria* sont comptés dans les biens du vendeur?

Bien que la propriété soit passée sur la tête de l'acheteur, le vendeur a une action pour reprendre la chose, si le prix n'est pas payé : ne peut-on pas prétendre que cette action en reprise suffit pour faire considérer l'objet vendu comme étant encore dans le patrimoine du vendeur, et comme devant être compris dans l'estimation de la masse héréditaire? « Is qui actionem habet ad rem recuperandam, ipsam rem » habere videtur. » (*De reg. juris*, L. 15; L. 143, *de verb. signif.*; L. 52, *de acq. rer. domin.*)

Il y a, suivant nous, un texte bien plus concluant, bien plus péremptoire que celui d'Hermogénien, c'est le texte de Paul, L. 2, § 3, *pro emptore*, transcrit ci-dessus et invoqué bien à tort, nous le croyons du moins, par ceux qui défendent l'opinion qui rejette la possibilité de la condition suspensive.

Suivant Sabinus, la *lex commissoria* avait pour effet d'empêcher l'acheteur d'usucaper *pro emptore*, tant que le prix n'était pas payé. Or, si ce jurisconsulte avait regardé le pacte comme une condition résolutoire, et la vente comme pure et simple, en suspendant l'usucapion jusqu'au paiement du prix, il aurait été en contradiction avec la doctrine, nous ne dirons pas générale, mais tout-à-fait élémentaire du droit romain.

L'opinion de Sabinus ne peut donc se concevoir que dans l'hypothèse où la *lex commissoria* est suspensive des effets de la vente. Tant que cette condition n'est pas réalisée, que le prix n'est pas payé, la tradition ne peut mettre l'acheteur en position d'usucaper, et alors la règle posée par le jurisconsulte, devenant on ne peut plus claire, se concilie parfaitement avec les principes généraux du droit. (L. 4, *de in diem addict.;* L. 8, *pr. de peric. et comm. rei vend. et trad.;* L. 2, § 2, *pro emptore.*)

Au reste, la suite de notre paragraphe 3, *pro emptore,* montre bien que la pensée de Sabinus était telle que nous le supposons. Paul, en effet, lui reproche de l'avoir formulée en termes trop absolus. « Tout dépend, dit-il, du point de vue auquel on se place pour envisager la *lex commissoria :* le pacte a-t-il été apposé à la vente comme condition suspensive, le sentiment de Sabinus est vrai; mais s'il n'y a qu'une clause de résolution affectée à une vente pure et simple dans son principe, ce contrat doit produire ses effets immédiatement, et donner à l'acheteur le droit d'usucaper. »

Pour conclure, nous dirons : Dans la pratique, la *lex commissoria* était, en général, une condition résolutoire; mais rien n'empêchait les parties de l'apposer à la vente comme condition suspensive, et l'on trouve dans la loi 2, § 3, *pro emptore,* la preuve que les jurisconsultes romains se préoccupaient de ses effets à ce dernier point de vue.

CHAPITRE II.

Des effets de la vente pendant que la LEX COMMISSORIA *est en suspens.*

D'après l'opinion que nous avons adoptée, à savoir, que le pacte commissoire peut, suivant l'intention des parties, revêtir le caractère soit d'une condition résolutoire, soit d'une condition suspensive, il nous faut envisager deux hypothèses différentes.

PREMIÈRE HYPOTHÈSE. — *La* lex commissoria *a été apposée à la vente comme condition résolutoire.* — La vente dans laquelle on a inséré la *lex commissoria* est pure et simple; il n'y a de conditionnel que sa résolution. « Si » fundus commissoriâ lege venierit, magis est sub condi- » tione resolvi emptio, quàm sub conditione contrahi vi- » deatur. » (L. 1, *de lege comm.*) En attendant donc que la résolution s'opère, le contrat produit tous les effets des ventes pures et simples.

Ainsi : — 1° L'acheteur a contre le vendeur l'*actio empti* pour le forcer à lui livrer la chose; le vendeur, de son côté, a l'*actio venditi*.

2° En supposant que le vendeur soit propriétaire, et qu'il ait accordé à l'acheteur des délais pour payer, la tradition transfère à ce dernier la propriété de la chose vendue.

3° L'acheteur ainsi devenu propriétaire peut consentir des aliénations, des constitutions de gage et d'hypothèque.

4° C'est à lui que compète la revendication, et c'est lui qui y défend quand elle est exercée par des tiers.

5° Il perçoit et gagne les fruits. (L. 5, *de leg. comm.*)

6° S'il a reçu la chose *a non domino*, il lui est permis d'invoquer l'usucapion *pro emptore* (L. 2, § 1, *de in diem addict.*; L. 3, *de contrah. empt.*). On a soutenu, il est vrai, que ce droit d'invoquer l'usucapion, tous les jurisconsultes ne l'avaient pas admis; que Sabinus entre autres ne le reconnaissait pas à l'acheteur, et que, suivant ce jurisconsulte, le paiement du prix pouvait seul mettre l'acheteur en état d'usucaper. (L. 2, § 3, *pro emptore.*)

Cette opinion serait vraie si, dans l'espèce, Sabinus avait assigné à la *lex commissoria* le caractère d'une condition résolutoire, et encore l'on ne voit pas sur quoi il se serait fondé pour soutenir son système et contredire par là une théorie généralement admise. Mais si, comme nous croyons l'avoir démontré plus haut, il suppose que la *lex commissoria* est revêtue du caractère de condition suspensive, cette condition consistant dans le paiement du prix, tout alors s'explique et devient clair. Sabinus ne se met pas en contradiction avec les règles générales sur les effets des ventes subordonnées à une clause résolutoire en matière d'usucapion; mais il fait l'application de celles qui régissent les ventes sous condition suspensive.

7° Enfin l'acheteur supporte les risques. Que la chose périsse en totalité, ou qu'elle soit simplement détériorée, il n'en sera pas moins contraint de payer le prix entier, quand arrivera l'époque fixée pour le paiement. (L. 2, *de lege comm.*)

Deuxième hypothèse. — *La* lex commissoria *a été apposée à la vente comme condition suspensive.* — Lorsque la *lex commissoria* est une condition suspensive de la vente, les effets qui se produisent sont en sens inverse de ceux que nous venons de décrire.

Ainsi : — 1° Il n'y a lieu ni de part ni d'autre aux actions qu'engendre la vente.

2° Le vendeur conserve la propriété malgré la tradition, qui ne confère alors à l'acheteur qu'une possession précaire.

3° Il peut aliéner, hypothéquer, donner en gage la chose qui a fait l'objet de la vente.

4° Il intente l'action en revendication et y défend.

5° Il recueille les fruits et les fait siens. (Arg. L. 4, *pr. de in diem addict.*)

6° L'acheteur mis en possession ne peut commencer à usucaper *pro emptore,* qu'après avoir payé le prix. C'est en ce sens qu'il faut citer la loi 2, § 3, *pro emptore,* règle qui, du reste, est l'application de celle plus générale énoncée dans le *princ.* de la loi 8, *de periculo et commodo rei venditæ :* « Quod si pendente conditione res tradita sit, emptor » non poterit eam usucapere pro emptore. »

7° Enfin, c'est le vendeur et non l'acheteur qui supporte les risques. (L. 8, *pr., de peric. et comm. rei vend. et trad.*)

CHAPITRE III.

Accomplissement et non-accomplissement de la LEX COMMISSORIA.

§ 1. — Accomplissement de la *lex commissoria.*

Deux cas peuvent se présenter : la vente peut contenir la fixation d'un délai dans lequel l'acheteur doit payer ; ou bien dans le contrat il a été dit purement et simplement que, faute par l'acheteur de payer, la vente serait résolue, sans qu'il ait été question d'un terme entre les parties. (L. 3, *de contrah. empt.*)

Nous allons examiner ce qui a lieu dans chacun de ces deux cas.

Premier cas. — Il a été convenu que si le prix n'était pas payé dans un certain délai, la vente serait non avenue.

Dans ce cas, la résolution de la vente résulte de la seule expiration du terme, arrivée sans que le prix ait été payé. Pour obtenir ce résultat, le vendeur n'a pas besoin de mettre l'acheteur en demeure, et pour nous servir d'une expression que nous n'avons rencontrée que chez les interprètes, mais qui rend parfaitement l'idée : *Dies interpellat pro homine.* Au temps voulu, l'acheteur doit offrir le prix au vendeur, sans attendre aucun avertissement. (L. 4, § 2 et § 4, *de leg. comm.*; L. 12, C. *de contrah. stip.*) Un paiement partiel fait avant l'échéance du terme, quelque considérable qu'il fût, ne le sauverait pas de la résolution. (Arg. tiré de la loi 6, § 2, *de leg. comm.*; L. 85, *de verbor. oblig.*) Toutes les fois, en effet, qu'une clause pénale est ajoutée à une obligation, l'accomplissement partiel de l'engagement principal équivaut à une inexécution totale.

Antoine Favre (*rat. in Pand.* ad leg. 4, § 5, *de leg. comm.*), expliquant cette règle qu'une interpellation n'est pas nécessaire pour faire encourir la résolution, en donne pour raison qu'une mise en demeure préalable ne pourrait avoir lieu sans danger pour le vendeur, puisqu'elle aurait pour résultat de lui faire perdre le bénéfice du pacte commissoire. La réflexion et Cujas nous ont fait rejeter cette explication qui tout d'abord nous avait séduit. Sans doute la loi 7, *de leg. comm.*, décide que si, après l'expiration du terme, le vendeur demande le prix (*petat*) il renonce par cela même à la clause de résolution, et ne peut plus revenir sur ses pas; mais autre chose est une demande du prix, ce qui suppose l'exercice d'une action, autre chose est un simple avertissement, une simple mise en demeure par voie d'interpellation. — Si le vendeur, une fois qu'il a agi en paiement du prix, ne peut plus varier, cela tient à des raisons particulières se rattachant, croyons-nous, au génie de la procédure formulaire, ainsi que nous aurons l'occasion de le dire plus loin, et il n'y a aucun argument à tirer de là, pour expliquer la résolution de la vente par suite de l'expiration du terme.

Au reste, comment croire que le motif allégué par Antoine Favre ait été le mobile déterminant des jurisconsultes romains, quand nous voyons Marcellus présenter comme douteuse précisément la question de savoir si le vendeur ne doit pas, avant d'invoquer la *lex commissoria*, adresser une interpellation à l'acheteur! « Marcellus, libro 20, dubitat » commissoria utrùm tunc locum habet, si interpellatus non » solvat, an vero si non obtulerit? » (L. 4, § 4, *de leg. comm.*), et quand Ulpien fait justice de ces scrupules en ajoutant, après avoir rapporté les doutes de Marcellus : « Et

» magis arbitror offerre eum debere, si vult se legis com-
» missoriæ potestate solvere. »

Enfin, si l'on consulte les textes qui font perdre au vendeur le droit de résolution, lorsqu'il a demandé le prix, tous sont unanimes, et ne portent pas la moindre trace d'hésitation ; preuve qu'il n'y a aucune espèce de relation entre la règle qui dispense le vendeur de la nécessité d'une interpellation, et celle qui prononce sa déchéance du droit d'invoquer la *lex commissoria*, pour avoir demandé le prix. En résumé donc, il faut se borner à dire que la loi romaine interprète avec rigueur la volonté des parties : elle ne présume pas l'indulgence du vendeur, et n'excuse pas l'oubli possible du terme par l'acheteur.

On s'est demandé si la résolution de la vente, par suite du défaut de paiement au terme convenu, était inévitable, ou si l'acheteur avait le droit de purger sa demeure, en offrant le prix tant que le vendeur n'avait pas exprimé son choix entre la demande du prix et la demande de la chose.

Sur ce point délicat, nous rencontrons trois opinions distinctes.

On dit d'abord, qu'aussitôt l'expiration du terme arrivée, c'est une obligation pour le vendeur de se prononcer immédiatement ou pour le paiement du prix, ou pour l'application de la *lex commissoria;* que, faute par lui de le faire, il est loisible à l'acheteur d'éviter la résolution en payant.

Ce premier système, qui présente l'échéance du terme comme mettant en demeure et le vendeur et l'acheteur, celui-ci de payer et celui-là d'opter, se fonde sur la loi 4, § 2, *de leg. comm.*, ainsi conçue : « Eleganter Papinianus,
» libro III Responsorum, scribit : statim atque commissa
» lex est, statuere venditorem debere, utrùm commissoriam
» velit exercere, an potiùs pretium petere. » L'interprétation judaïque du mot *statim* sert d'argument à l'appui de cette thèse. Mais dans son livre III des Réponses, Papinien se préoccupe-t-il de la *moræ purgatio?* Pas le moins du

monde. — La pensée de ce jurisconsulte est qu'une fois le terme expiré le vendeur peut, s'il le veut, agir aussitôt; mais qu'il doit se décider : ou à maintenir la vente, en exigeant le paiement, ou à l'anéantir, en demandant la résolution, et qu'après avoir choisi il ne peut plus varier : « Nec » posse, si commissoriam elegit, posteà variare. » Mais ce choix doit-il avoir lieu immédiatement? peut-il être exercé après l'expiration du terme fixé? En un mot, Papinien nous dit-il ce qui arriverait, si l'acheteur faisait des offres de payer après l'échéance du terme? Prononce-t-il qu'en ce cas le vendeur serait déchu du droit d'invoquer la résolution de la vente? Ce sont là des questions dont il n'y a aucune trace dans le texte.

Des interprètes, considérant le système précité comme trop rigoureux, le modifient en accordant au vendeur un délai de dix jours pour se décider. Pendant ce délai, l'acheteur ne peut purger sa demeure en offrant le prix, mais il le peut dès que ce laps de temps est écoulé, sans que soit intervenue la décision du vendeur non payé.

Les interprètes dont nous parlons placent leur opinion sous la protection de la loi 21, § 1, *de pecuniâ constitutâ* : « Si sine die constituas, potest quidem dici, te non teneri, » licet verba edicti latè pateant; alioquin et confestim agi » tecum poterit, si statim, ut constituisti, non solvas : sed » modicum tempus statuendum est, non minus decem die- » rum, ut exactio celebretur. »

L'application de ce texte à notre matière nous semble un étrange abus du raisonnement par analogie. Il y est question du pacte de constitut, fait sans terme, et Paul se demande si ce pacte est valable : la raison de douter vient de ce que *constituere* signifie prendre jour pour faire quelque chose, par exemple pour opérer un paiement, et que dès-lors le terme paraît être de l'essence d'une convention semblable : aussi, pour valider cette convention, le jurisconsulte décide-t-il qu'il faut sous-entendre un délai modique, celui de dix jours. — Mais quel rapport y a-t-il entre ce délai, qu'on suppose avoir été dans l'intention des parties, afin d'éviter la nullité du constitut, et celui qu'on voudrait fixer au vendeur, et passé lequel l'acheteur pourrait purger sa demeure?

Nous ne nions pas que cet expédient d'un délai de dix jours appliqué à la *lex commissoria*, ne puisse être mis en pratique, qu'il ne puisse être introduit dans une législation quelconque; mais existait-il en droit romain? Telle est la question : et, sur ce point, comme on ne saurait citer véritablement un texte à l'appui, nous trouvons ce second système purement arbitraire et de fantaisie.

Les deux opinions précédentes ont des arguments communs : ils sont puisés dans les lois 73, § 2 et 91, § 3, *de verborum obligationibus* : « Stichi promissor, post moram » offerendo purgat moram : certè enim doli mali exceptio » nocebit ei, qui pecuniam oblatam accipere noluit. » (L. 73, § 2.)

« Sequitur videre de eo, quod veteres constituerunt, quo- » tiens culpa intervenit debitoris, perpetuari obligationem, » quemadmodum intelligendum sit. Et quidem si effecerit » promissor, quominus solvere possit : expeditum intellec- » tum habet constitutio : si verò moratus sit tantum, hæsi- » tatur, an si posteà in mora non fuerit, extinguatur superior » mora? Et Celsus adolescens scribit, eum qui moram fecit » in solvendo sticho, quem promiserat, posse emendare eam » moram posteà offerendo : esse enim hanc quæstionem de » bono et æquo : in quo genere, plerumque sub auctoritate » juris scientiæ perniciosè (inquit) erratur. Et sanè proba- » bilis hæc sententia est, quam quidem et Julianus sequitur : » nam dùm quæritur de damno, et par utriusque causa sit, » quarè non potentior sit, qui teneat, quàm qui persequi- » tur? » (L. 91, § 3.)

Il résulte bien de ces deux passages que, dans les stipulations de corps certains, la *moræ purgatio* avait, après quelques hésitations, été admise par les jurisconsultes; mais reste à savoir en quel sens. C'était seulement au point de vue des suites postérieures de la *mora*. Ainsi le corps certain venait-il à périr, après que le promettant avait purgé sa demeure, l'obligation était éteinte. Mais la *moræ purgatio* n'avait aucune influence sur la clause pénale, qui restait définitivement à la charge du débiteur une fois qu'elle avait été encourue; conséquemment, elle ne pouvait rien sur la *lex commissoria*. — « Celsus aït : si arbiter intra kalendas » septembris dari jusserit, nec datum erit : licet posteà » offeratur, attamen semel commissam pœnam compromissi » non evanescere : quoniam semper verum est, intra ka- » lendas datum non esse. » (L. 23 *pr.*, *de recept. qui arb. recep.*)

Cette décision de Celse tranche déjà notre question ; mais nous la retrouvons répétée et appliquée à une autre espèce, dans la loi 23, *de ob. et act.*, par Africain. Ce jurisconsulte, après avoir établi ce point, assimile même expressément la clause pénale et la *lex commissoria :* « Hoc idem dicendum » est, cùm quid ex lege venierit, ut nisi ad diem pretium » solutum fuerit, inempta res fiat. »

Ainsi la conclusion doit être que, le terme une fois expiré, la résolution de la vente est définitivement encourue, si le vendeur le veut : *finita est emptio*, nous dit Ulpien, L. 4, *de leg. comm.* Tous les systèmes qui cherchent des tempéraments pour adoucir cette rigueur du droit, nous semblent des systèmes arbitraires, et, comme tels, inadmissibles.

La décision que nous proposons nous paraît, au reste, d'autant plus acceptable, qu'elle est conforme à la volonté des parties. Elles ont voulu en effet que le moindre retard suffît pour mettre l'acheteur en danger de perdre la chose. Il faut donc, en se conformant à cette volonté, dire que, dès l'instant où il y a eu retard de la part de l'acheteur, il y a eu pour le vendeur un droit de résolution qu'on ne peut arbitrairement lui enlever. Pour offrir de payer un jour après l'expiration du terme, l'acheteur en est-il moins en retard? De même que celui qui a volé ne peut pas, en restituant au propriétaire la chose volée, faire qu'il n'ait pas volé; — de même qu'en rentrant chez son maître l'esclave qui s'est enfui ne peut pas faire qu'il n'ait pas été fugitif; de même l'acheteur qui offre son prix après l'échéance du terme fixé ne peut pas faire qu'il n'ait pas été en retard, que la condition mise au pacte commissoire ne se soit pas accomplie, et que conséquemment le vendeur n'ait pas acquis le droit de faire résoudre la vente : « Licet posteà offeratur, attamen semel » commissam pœnam compromissi non evanescere : quo- » niam semper verum est, intra kalendas datum non esse!

§ 2. — Du non-accomplissement de la *lex commissoria.*

La *lex commissoria* s'évanouit dans plusieurs circonstances qui peuvent se ranger sous les chefs suivants : 1° action en réclamation du prix, intentée par le vendeur; 2° défense faite à l'acheteur de payer entre les mains du vendeur par un créancier de ce dernier; — 3° obstacle mis au paiement par le fait ou par la faute du vendeur lui-même.

1° *Action en réclamation du prix intentée par le vendeur.* — Quand est échu le terme fixé pour le paiement, et que l'acheteur n'a pas accompli son obligation, le vendeur peut opter entre deux partis : 1° agir en paiement du prix; 2° agir en reprise de la chose. Le choix qu'il manifeste épuise son droit, il ne peut conséquemment plus agir en résolution quand préalablement il a réclamé le paiement.

Nous expliquons cette perte du droit de demander la résolution après la demande en paiement, en disant : primitivement le vendeur atteignait l'un et l'autre but par la même action, l'*actio venditi.* Lorsqu'il l'avait intentée, pour arriver au but qu'il s'était proposé en vendant, pour se faire payer, il avait déduit *in judicium* toutes les questions se rattachant à la vente ; si donc, se repentant de la détermination qu'il avait prise, il voulait exercer la même *actio venditi* pour arriver à la résolution, il était repoussé par l'*exceptio rei in judicium deductæ*. Plus tard, si de nouvelles actions furent introduites à l'effet de mettre en application la *lex commissoria*, elles restèrent sans influence sur le principe anciennement établi.

Au reste, on pourrait dire simplement aussi qu'il ne saurait être permis au vendeur de changer d'avis au gré de son caprice, et cela au détriment de l'acheteur : ce qui est conforme à cette maxime de Papinien, au titre de *regulis juris :* « Nemo potest mutare consilium suum, in alterius injuriam. (L. 75.)

2° *Défense faite à l'acheteur de payer entre les mains du vendeur par un créancier de celui-ci.* — Lorsqu'un créancier du vendeur a pratiqué entre les mains de l'acheteur ce que, dans le langage de nos lois modernes, nous appelons une saisie-arrêt, l'acheteur trouve dans cette circonstance la justification de son inaction, et n'encourt pas la *lex commissoria.*

C'est là une décision juste et inattaquable qui nous est donnée par la loi 8 de notre titre *de leg. comm.* : « Posteriore autem die, nomine fisci testato conventum emptorem, ne antè mulieri pecuniam exsolveret, quàm fisco satisfaceret : quæsitum est, an fundi non sint in eà causà, ut à vinditrice vindicari debeant ex conditione venditoris? respondit, secundum ea quæ proponerentur, non commisisse in legem venditionis emptorem. »

3° *Obstacle mis au paiement par le fait ou par la faute du vendeur lui-même.* — Et d'abord l'acheteur ne serait pas soumis à la résolution, si le vendeur lui-même avait manqué à ses engagements. C'est ce que nous dit formellement la loi 10, § 1, *de rescind. vend.*, en signalant une application remarquable de cette règle : « Emptor prædio-

» rum, cùm suspiceretur Numeriam et Semproniam contro-
» versiam moturas, pactus est cum venditore; ut ex pretio
» aliqua summa apud se maneret, donec emptori fidejussor
» daretur à venditore : posteà venditor eam legem inseruit,
» ut si ex die pecunia omnis soluta non esset, et venditor
» ea prædia venisse nollet, invendita essent : intereà de ad-
» versariis alteram mulierem venditor superavit, cum alterà
» transegit, ita ut sine ullâ quæstione emptor prædia possi-
» deret · quæsitum est, cum neque fidejussor datus est, nec
» omnis pecunia secundùm legem suis diebus soluta sit, an
» prædia invendita sint? respondit, si convenisset, ut non
» prius pecunia solveretur, quàm fidejussor venditi causà
» daretur, nec id factum esset, cùm per emptorem non sta-
» ret quominus fieret, non posse posteriorem legis partem
» exerceri. »

Voici l'espèce : Un acheteur d'immeubles, craignant d'être troublé par une action en revendication de la part de *Numeria* et de *Sempronia*, est convenu avec son vendeur qu'il gardera une portion du prix jusqu'à ce que celui-ci lui donne un fidéjusseur; ensuite le vendeur fait insérer dans la vente une clause portant que si, au jour fixé le prix n'est pas payé en totalité, il pourra, s'il le veut, considérer la vente comme non avenue.

Dans l'intervalle, ce vendeur triomphe des prétentions élevées par l'une des deux femmes, et transige avec l'autre, de telle sorte que l'acheteur a une possession exempte d'inquiétude de ce côté; le fidéjusseur promis n'est pas donné, et le restant du prix n'est pas payé au terme convenu. Cela posé, le jurisconsulte se demande si la vente est résolue : la raison de douter, c'est que le fidéjusseur est complètement inutile, à raison de la sentence rendue en faveur du vendeur, et de la transaction qui est intervenue. Mais la clause en vertu de laquelle le vendeur s'est obligé à fournir un fidéjusseur est générale, et ne comporte pas de distinction. Rien n'indique que la sûreté dont il est question ait eu pour but unique de garantir l'acheteur contre l'action de *Numeria* et de *Sempronia;* les termes dans lesquels le pacte est conçu semblent montrer, de la part de l'acheteur, l'intention d'être protégé contre toute éviction, de quelque côté qu'elle vienne, et telle est la raison sur laquelle Scévola s'appuie pour décider que, le vendeur n'ayant pas satisfait à ses obligations, il n'y a pas lieu d'appliquer la *lex commissoria.*

L'acheteur n'a pas non plus à redouter la résolution, si le vendeur a refusé de recevoir le prix, ou s'il s'est absenté sans laisser de mandataire, de telle sorte que l'acheteur n'ait trouvé personne lorsqu'il s'est présenté pour payer. (L. 4, § 4, *de leg. comm.*) Mais remarquons aussitôt qu'il n'est pas pour cela dispensé de se tenir prêt à payer, lorsque le vendeur l'exigera ; un retard ultérieur de sa part ne le mettrait pas à l'abri de la résolution, à moins qu'il n'y ait eu dol de la part du vendeur, par exemple, si celui-ci avait refusé le paiement, pour l'exiger à une époque où il savait que l'acheteur ne pourrait pas l'effectuer. (L. 51, *de act. empt. et vendit.*, § 1.)

La loi 8, *de leg. comm.*, nous montre que, pour éviter l'application de la *lex commissoria*, l'acheteur n'a pas besoin de consigner judiciairement le prix offert. « Mulier fundos » Gaio Seio vendidit, et acceptis arrhæ nomine certis pecu- » niis, statuta sunt tempora solutioni reliquæ pecuniæ; qui- » bus si non paruisset emptor, pactus est ut arrham perde- » ret, et inemptæ villæ essent : die statuto, emptor testatus » est se pecuniam omnem reliquam paratum fuisse exsol- » vere, et sacculum cùm pecunià obsignavit signatorum » signis; defuisse autem venditricem : posteriore autem die » nomine fisci testato conventum emptorem, ne antè mu- » lieri exsolveret, quàm fisco satisfaceret : quæsitum est, an » fundi non sint in eà causà, ut à vinditrice vindicari de- » beant ex conventione venditoris? respondit, secundùm ea » quæ proponerentur, non commisisse in legem venditionis » emptorem. »

L'espèce est très-simple : une femme a vendu des fonds à Gaius Seius : elle en a reçu des arrhes, et l'on a fixé pour le paiement du restant du prix un terme passé lequel les arrhes seront perdues et la vente considérée comme non avenue : au jour fixé, l'acheteur fait constater par des témoins qu'il était prêt à payer tout ce qu'il restait devoir. Il prend le soin de cacheter le sac qui renferme les écus, et d'y faire apposer le cachet des témoins ; mais il n'a pas trouvé la venderesse. Le fisc survient, qui, à une époque ultérieure, lui défend de payer entre les mains du vendeur ; l'acheteur a évité les conséquences du pacte commissoire, mais il n'est pas libéré. Cette saisie, en effet, ne se concevrait pas, si l'acheteur s'était libéré par une consignation. Cette loi vient encore à l'appui de ce que nous disions, à savoir que l'acheteur encourrait la *lex commissoria* pour un retard postérieur, puisque, dans notre espèce, c'est la saisie-arrêt qui le garantit contre les suites de ce retard.

Malgré ce texte, on a soutenu qu'une consignation judiciaire était indispensable, s'appuyant pour cela sur la loi 7, C., *de pactis int. empt. et vend.* : « Si a te comparavit is, » cujus meministi, et convenit, ut si intrà certum tempus » soluta fuerit data quantitas, sit res inempta, remitti hanc » conventionem rescripto nostro non jure petis. Sed si se » subtrahat, ut jure dominii eamdem rem retineat : denun» ciationis et obsignationis depositionisque remedio contrà » fraudem potes juri tuo consulere. »

Mais cette constitution qu'on invoque est simplement un rescrit, et de plus, un rescrit dans lequel les empereurs ***n'imposent pas*** au consultant l'*obligation*, mais lui donnent seulement le *conseil* de consigner.

En outre, dans ce texte, il ne s'agit pas de la *lex commissoria*, mais du pacte *de retro-vendendo*. Or, grande est la différence entre les deux. La *lex commissoria* est une condition résolutoire ; pour éviter les effets de cette condition résolutoire, l'acheteur n'a pas besoin de payer, il lui suffit de faire tout ce qui dépend de lui pour accomplir un paiement qu'il est prêt à effectuer, et de prouver que c'est le vendeur qui, par son fait ou par sa faute, a mis obstacle au non-accomplissement de la condition. Le pacte *de retrovendendo,* au contraire, est, comme du reste les mots l'indiquent, un pacte de revente ; lorsqu'il s'exécute, ce n'est pas une condition résolutoire qui se réalise, c'est une nouvelle vente qui a lieu. Le vendeur qui, à son tour, veut devenir acheteur et forcer l'acheteur à jouer de son côté, dans la nouvelle opération, le rôle de vendeur, doit payer le prix de cette seconde vente, et, sur le refus de l'acheteur primitif de recevoir le prix, remplacer le paiement par ce qui peut seul en tenir lieu, par la consignation. L'analogie fait donc défaut, et la solution que nous avons tirée de la loi 8, *de leg. comm.*, subsiste dans toute sa force.

Deuxième cas. — La *lex commissoria* a été apposée à la vente sans fixation de délai.

La question se présente alors de savoir à quelle époque la *lex commissoria* est encourue. Cujas a soutenu que l'acheteur pourrait éviter la résolution, en payant, jusqu'à la *litis contestatio*. Nous ne pouvons admettre ce système, qui ne s'appuie que sur des lois qui n'ont aucun rapport avec le pacte commissoire (L. 84, *de verb. obl.*). Il tombe, du reste, devant le texte formel de la loi 23, *de obl. et act.*, qui, assimilant le cas où la vente a été faite sans terme, au cas où la sentence d'un arbitre ne détermine pas le délai dans lequel une somme doit être payée sous peine de tomber sous l'application d'une clause pénale, décide qu'il faut accorder à l'acheteur sans terme, comme à la partie condamnée par l'arbitre, *modicum tempus*. — Il dépendra de l'office du juge d'apprécier l'étendue de ce *modicum tempus*, la *mora* étant une question de fait plutôt que de droit (L. 32, *de usuris*), et les actions résultant de la vente étant d'ailleurs *bonæ fidei*.

L'opinion de Voët, qui prétend que toujours un délai de

soixante jours devra séparer la vente de la sommation, vient aussi échouer contre ces observations, que ce délai est purement arbitraire, que rien n'indique qu'il était en usage chez les Romains pour le pacte commissoire, et que, la vente étant un contrat de bonne foi, il est impossible de faire intervenir des règles fixes, précises, rigoureuses.

CHAPITRE IV.

Des effets de la LEX COMMISSORIA *quand elle se réalise.*

PREMIÈRE HYPOTHÈSE. — *La* LEX COMMISSORIA *a été envisagée comme condition résolutoire.*

Nous examinerons successivement les effets de la condition résolutoire à l'égard des parties et à l'égard des tiers.

§ 1. — DES EFFETS DE LA CONDITION RÉSOLUTOIRE ENTRE LES PARTIES.

Nous avons à étudier ces effets au point de vue des obligations que la condition résolutoire crée à la charge de l'acheteur, et au point de vue de celles qu'elle crée à la charge du vendeur.

1° *Des effets de la condition résolutoire à l'égard de l'acheteur.*

Nous avons vu que la vente faite *sub lege commissoriâ* donnait immédiatement naissance aux actions qui dérivent ordinairement de ce contrat : Demandons-nous d'abord si l'accomplissement de la condition résolutoire exerce une influence sur l'*actio venditi*.

La réponse doit être évidemment négative en tant que l'*actio venditi* a pour but de réclamer le prix. La *lex commissoria*, en effet, a été ajoutée à la vente dans l'intérêt exclusif du vendeur, qui peut par conséquent y renoncer pour s'en tenir à l'exécution pure et simple du contrat. Mais en est-il de même quand l'*actio venditi* a pour but de mettre en exercice la *lex commissoria*, et de reprendre la chose? Avant Auguste, l'affirmative n'est pas douteuse; la même *actio venditi* servait à demander soit le prix, soit la chose. Mais lorsqu'éclata la rivalité entre les deux grandes sectes des Sabiniens et des Proculeiens, il y eut controverse.

Les Proculeiens, partant de cette idée que la condition résolutoire mettait la vente à néant, soutinrent qu'il impliquait contradiction de donner au vendeur l'*actio venditi*, précisément pour faire valoir la résolution; et, dans leur goût pour les innovations juridiques, ils proposèrent en conséquence l'*actio præscriptis verbis*. Dans ce système, la *lex commissoria* s'accomplissant avait pour effet de substituer cette action de date récente à l'*actio venditi*.

Les Sabiniens, au contraire, ennemis de semblables nouveautés, s'en tenaient à l'ancienne action. D'après eux, la *lex commissoria*, étant un acte ajouté *in continenti* à la vente, devait être garantie par les mêmes actions qui garantissaient le contrat lui-même. Le raisonnement des Proculeiens, consistant à dire qu'il n'y avait plus de vente (*finita est emptio*), était une pure subtilité, et ne visait que les termes dont les parties s'étaient servies, au lieu de s'attacher à leur intention. (L. 6, § 1, *de contrah. empt.*) Or, il est bien certain qu'en prévoyant la résolution, les parties n'ont pas voulu que toutes les obligations nées de la vente disparussent; elles ont voulu que les obligatious du vendeur seulement fussent considérées comme non avenues, mais non pas que toutes celles de l'acheteur fussent aussi effacées. Cette dispute enfin fut justement close en faveur des Sabiniens, c'est-à-dire en faveur de l'*actio venditi*, par un rescrit de Sévère et d'Antonin. (L. 4, *de leg. comm.*)

Quant à l'*actio empti*, il est bien évident qu'elle s'évanouit, si la résolution est invoquée par le vendeur, et qu'elle subsiste dans le cas contraire.

Le second effet produit par la vente pendant que la *lex*

commissoria est en suspens, c'est que la tradition faite en vertu de cette vente, en supposant qu'elle soit à terme, et que le vendeur soit propriétaire, a transféré la propriété à l'acheteur. Cet effet subsiste-t-il après l'accomplissement de la condition résolutoire?

Dans l'opinion générale des jurisconsultes, la propriété ne peut pas être transférée temporairement jusqu'à un certain terme ou à une certaine condition; il en résulte que l'acheteur reste propriétaire malgré la résolution; il est seulement obligé de retransférer la propriété au vendeur par les modes ordinaires, et cette obligation se poursuit contre lui par une action personnelle, sauf la controverse sur le point de savoir si cette action personnelle devait être l'*actio venditi*, ou l'*actio præscriptis verbis*.

Cependant une opinion contraire se produit de bonne heure à l'état d'isolement. Des jurisconsultes en petit nombre admettent que la propriété peut être transférée *ad diem* ou *ad conditionem*, comme elle peut l'être *ex die* ou *ex conditione*. On trouve des traces de cette idée dans les écrits de Marcellus : « Sed et Marcellus libro V Digestorum scribit, » purè vendito, et in diem addicto fundo, si melior con- » ditio allata sit, rem pignori esse desinere, si emptor eum » fundum pignori dedisset. » (L. 4, § 3, *de in diem addict.*) Il suppose une vente pure et simple avec *addictio in diem*, et il décide que, cette condition résolutoire venant à se réaliser, les hypothèques constituées sur le fonds s'évanouissent, preuve que la propriété de l'acheteur a été rétroactivement effacée, et a fait de plein droit retour au vendeur.

Mais le jurisconsulte dont les ouvrages expriment le plus nettement cette doctrine nouvelle, c'est Ulpien. Il en fait d'abord l'application aux donations à cause de mort, alors que la survie du donateur est envisagée comme condition résolutoire. (L. 29, *de mort. caus. donat.*) Dans ce passage, c'est avec une sorte de timidité qu'il propose son opinion (*potest defendi*), et qu'il accorde au donateur une *revendica-*

tion utile. (L. 30, *de mort. caus. donat.*) Nous le voyons professer la même opinion dans l'hypothèse d'une vente faite avec *addictio in diem* : « Si quis hâc lege emerit, ut si alius » meliorem conditionem attulerit, recedatur ab emptione » post allatam conditionem, jam non potest in rem actione » uti. » (L. 41, *de rei vindic.*) En disant que la revendication n'appartient plus à l'acheteur, après l'accomplissement de l'*addictio in diem*, il décide par cela même qu'elle appartient au vendeur redevenu propriétaire; mais ce texte, tiré pourtant, comme la loi 29 précitée, du livre 17 de son commentaire sur l'édit du prêteur, ne porte pas la moindre trace d'hésitation, et ne distingue pas entre la revendication *utile* et la revendication *directe*, comme le faisait la loi 30 (*de mortis caus. donat.*).

Dans le livre 28 de son commentaire sur Sabinus, Ulpien revient sur la même idée, en invoquant cette fois, à l'appui de sa thèse, l'opinion de Marcellus. (L. 4, § 3, *de in diem.*) Nous devons avouer toutefois que nulle part Ulpien n'applique sa théorie à la *lex commissoria* : dans le livre 32 de son commentaire sur l'édit, il rend compte du débat qui s'était élevé autrefois entre les Sabiniens et les Proculeiens sur la question de savoir si le vendeur reprenait sa chose au moyen de l'*actio venditi* ou de l'*actio præscriptis verbis;* il cite le rescrit de Sévère et d'Antonin rendu dans le sens des Sabiniens, et, chose très-étonnante, il ne saisit pas cette occasion pour parler de la revendication. (L. 4, *de leg. comm.*) Ce qu'il y a de plus remarquable, c'est qu'il expose l'état général de la doctrine sur ce point dans l'ouvrage même d'où est extrait le fragment formant la loi 29, *de mort. caus. donat.*, dans son commentaire de l'édit du prêteur, et dans un livre de ce commentaire postérieur à celui d'où est tirée cette loi 29.

Quoiqu'il en soit, nous ne faisons nul doute qu'il n'eût pas hésité à étendre sa doctrine à l'hypothèse d'une vente faite *sub lege commissoriâ*.

En effet, cette question de la possibilité d'une transmission temporaire de la propriété est générale et domine toute la matière des conditions résolutoires, quelles qu'elles soient. Les mêmes raisons qui déterminaient Ulpien, lorsqu'il s'agissait d'une donation à cause de mort, ou d'une vente avec *addictio in diem*, l'auraient évidemment déterminé, dans l'hypothèse du pacte commissoire. Du reste, l'idée de l'anéantissement rétroactif de la propriété, par suite de la *lex commissoria* et de la revendication accordée au vendeur, se retrouve dans un texte de Scévola que nous connaissons déjà, la loi 8, *de leg. comm.* : « Quæsitum est an fundi non » sint in eà causà, ut à vinditrice vindicari debeant ex con- » ventione debitoris? »

Cette doctrine de Marcellus, de Scévola et d'Ulpien, sur la transmission temporaire de la propriété, est formellement repoussée par une constitution de Dioclétien et de Maximien : « Si stipendiariorum prædiorum proprietatem dono dedisti, » ita ut post mortem ejus qui accepit ad te rediret, donatio » irrita est, cùm ad tempus proprietas transferri nequiverit. » (*Vaticana fragm.*, § 283.) Voilà bien nettement exprimée la pensée qui servait de fondement à la presque unanimité des jurisconsultes romains, à savoir que la propriété ne peut pas être transférée à temps, et par suite que l'arrivée de la condition résolutoire reste sans effet sur la propriété de l'acheteur, de telle sorte qu'il y a lieu de donner au vendeur, soit l'*actio venditi*, soit l'*actio præscriptis verbis*, mais non *la revendication*.

Les mêmes principes sont encore reproduits dans un rescrit d'Alexandre, qui donne au vendeur l'*actio ex vendito*, et non l'action en revendication, à moins que l'acheteur n'ait reçu une possession purement précaire : « Qui eà lege præ- » dium vendidit, ut nisi reliquum pretium intrà certum » tempus restitutum esset, ad se reverteretur : si non pre- » cariam possessionem tradidit, rei vindicationem non

» habet, sed actionem ex vendito. » (L. 3, C., *de pactis inter vend. et empt.*)

Mais, dans un autre rescrit, le même empereur suppose que le vendeur pourrait revendiquer : « Commissoriæ ven- » ditionis legem exercere non potest, qui post præstitutum » pretii solvendi diem non vindicationem rei eligere, sed » usurarum pretii petitionem sequi maluit. » (L. 4, C., *de pact. int. vend. et empt.*)

On a tenté de grands efforts pour concilier ces deux rescrits : les uns, distinguant entre le cas où la *lex commissoria* a été envisagée comme condition résolutoire, et celui où elle a été envisagée comme condition suspensive, ont dit que la loi 3 s'appliquait à la première hypothèse, et la loi 4 à la seconde.

Si ce système, enseigné par Tiraqueau (§ 2, gl. 1, n° 59), Noodt (ad Pand., *de leg. comm.*), et Pothier (Pand., *de leg. comm.*, note), était vrai, il fournirait une preuve de plus que, dans le droit romain, la *lex commissoria* était quelque fois, en pratique, apposée aux ventes comme condition suspensive ; mais il nous semble purement conjectural : rien effectivement, dans la loi 4, n'indique que la vente y ait été regardée comme faite autrement que d'après le droit commun, c'est-à-dire sous condition résolutoire.

D'autres ont soutenu que la revendication devait être donnée au vendeur toutes les fois que, n'ayant pas suivi la foi de l'acheteur, il ne lui avait livré qu'une possession revêtue du caractère de précarité ; que tel était le cas visé par la loi 4, et que l'*actio ex vendito* seule devait être accordée dans le cas contraire, celui où, ayant suivi la foi de son acheteur, le vendeur s'était dépouillé complétement de sa possession, cas, a-t-on dit, visé par la loi 3.

Ce moyen de conciliation est encore, selon nous, purement conjectural. Pas un des termes de la loi 4 ne fait supposer, que dans ce texte, il s'agisse d'une possession purement précaire conférée à l'acheteur. La conséquence que l'on tire en ce sens de la loi 3, où la nature de l'action à exercer est en effet subordonnée à cette condition : *Si non precariam possessionem tradidit,* nous semble forcée. En effet, ces deux textes sont des rescrits différents adressés par Alexandre à deux personnes différentes, à des dates diverses, et leur rapprochement est l'œuvre non de l'empereur lui-même, mais des compilateurs.

Dans un troisième système, professé par un grand nombre de commentateurs, entre autres par Voët, on fait une autre distinction. La *lex commissoria* est-elle conçue en termes absolus, non équivoques et directs, *verbis directis;* les parties ont-elles dit, par exemple : *emptio nulla sit,* ou *fundus sit inemptus?* La clause ainsi formulée a pour résultat, lorsqu'elle se réalise, de faire cesser la propriété de l'acheteur, en la transférant rétroactivement au vendeur, et d'attribuer conséquemment la revendication à ce dernier. Telle est, dit-on, la décision de la loi 4. — La *lex commissoria* a-t-elle été conçue en termes obscurs, ambigus, indirects, *obliquis verbis,* comme seraient ceux-ci : *Fundus ad venditorem redeat, revertatur,* le vendeur ne redevient pas propriétaire ; il a seulement l'*actio ex vendito* pour forcer l'acheteur à le rendre de nouveau propriétaire. Telle est la décision de la loi 3.

Pour être plus généralement adoptée, cette troisième conciliation, selon nous, n'est pas plus admissible que les deux précédentes ; elle cherche à faire prévaloir une subtilité vraiment incompréhensible. Qu'y a-t-il donc de moins direct dans les mots : *Fundus revertatur, redeat,* etc., que dans ceux-ci : *Emptio nulla sit, fundus inemptus sit?* — Mais il nous semble que, si l'on voulait à toute force trouver entre ces expressions qui varient seulement sous le rapport de la forme, une différence de fond, celles qui présentent l'idée d'un retour de la chose à son ancien maître ne sont-elles pas plus énergiques, plus directes, que celles qui rendent l'idée de l'anéantissement du contrat?

Notre conclusion est que les lois 3 et 4 sont inconciliables, à moins qu'on ne veuille admettre que le mot *vindicatio* employé dans la loi 4 n'y est pas pris dans son sens technique, mais dans le sens général d'une action en reprise de la chose, même au moyen de l'action personnelle, impropriété de langage qui ne doit pas surprendre dans les Constitutions impériales.

Quoi qu'il en soit, l'idée d'une transmission temporaire de la propriété, idée qui reste isolée au temps de la jurisprudence classique, et dans la législation du Bas-Empire, jusqu'à Justinien, triomphe sous ce prince. — Cela résulte de l'insertion dans la compilation justinienne des textes des jurisconsultes qui donnent à la condition résolutoire la puissance d'effacer rétroactivement la propriété de l'acquéreur, et du soin qu'a pris Tribonien de faire subir aux textes qui n'admettent pas la transmission temporaire de la propriété des mutilations pour les mettre en harmonie avec les principes nouveaux, mutilations qui nous sont démontrées par la loi 2, au Code, *de donat. quæ sub modo.*

Nous avons vu, en effet, avec quelle énergie les empereurs Dioclétien et Maximien se prononcent sur la prohibition de transférer à temps la propriété. Leur rescrit, dont les *Vaticana fragmenta* nous ont conservé les termes dans toute leur pureté, nous le retrouvons dans le code de Justinien, où il forme la loi 2, *de donat. quæ sub modo*. Voyons comment il est reproduit par Tribonien : « Si rerum tuarum proprietatem dono dedisti, ita ut post mortem ejus, » qui accepit, ad te rediret, donatio valet : cùm etiam ad » tempus certum, vel incertum ea fieri potest, lege scilicet, » quæ ei imposita est, conservandâ. » Si vous avez fait donation de la propriété de vos choses, à condition qu'elle vous revînt après la mort de celui qui l'a reçue, la donation est valable, puisqu'elle peut se faire même pour un temps certain ou incertain, la clause qui lui a été imposée devant être observée.

Remarquons les deux altérations qu'a subies le texte primitif : il ne s'agit plus de fonds stipendiaires, puisque toute distinction entre les fonds italiques et les fonds provinciaux a complètement disparu, et la propriété peut être transférée jusqu'à un terme certain ou incertain, pour revenir de plein droit sur la tête de celui qui l'avait momentanément abdiquée (1). — Qui sait si, dans la loi 4, au Code, *de pactis int. empt. et vend.*, l'empereur Alexandre ne parlait pas de l'*actio ex vendito*, et si Tribonien n'a pas altéré le texte primitif, comme il a altéré le rescrit de Dioclétien et de Maximien, tout en oubliant de remanier la loi 3?

En résumé : Du temps de la jurisprudence classique, et, suivant l'opinion générale, la propriété ne peut être transférée temporairement. En conséquence, lorsque la condition résolutoire s'accomplit et vient anéantir la vente faite *sub lege commissoriâ*, le vendeur n'a qu'une simple action personnelle pour forcer l'acheteur à lui transférer la propriété. — Cette doctrine, combattue en vain par quelques jurisconsultes, subsiste jusqu'à Justinien, qui la remplace par la doctrine opposée, et qui donne au vendeur invoquant le pacte commissoire le droit d'agir en revendication.

De ce que l'acheteur devient immédiatement propriétaire, quoiqu'il n'ait pas payé le prix, nous avons tiré cette conséquence, que c'est lui qui intente les actions relatives à la chose, et qui y défend. Nous devons ici prévoir ce qui arrive dans le cas où, ne payant pas le prix, il est obligé de restituer la chose à son vendeur. — Dans ce cas, les jugements qu'il aura obtenus, ou qui auront été rendus contre lui, pourront être invoqués pour ou contre le vendeur. (Arg. tiré de la loi 63, *de re judicatâ*). « Scientibus sententia, » quæ inter alios data est, ob est.... cùm quis, de eâ re,

---

(1) Voir M. Pellat, *Exposé des principes généraux du Droit romain sur la propriété*, sur la loi 41, *de rei vindicatione*, page 284.

» cujus actio vel defensio primum sibi competit, sequenti
» agere patiatur. Veluti si possessor experiri passus sit ven-
» ditorem de proprietate rei emptæ. »

Lorsque la chose a été vendue *sub lege commissoriâ* et livrée *à non domino,* nous avons dit que, pendant l'intérim, l'acheteur usucape *pro emptore.* Voyons les résultats de l'accomplissement de la condition résolutoire par rapport à cette usucapion *pro emptore.*

Deux hypothèses sont possibles : Supposons d'abord que l'usucapion soit achevée quand se réalise le pacte ; dans ce cas, le véritable propriétaire a définitivement perdu la propriété de sa chose, et ne peut plus, en conséquence, la revendiquer. Mais le vendeur peut forcer l'acheteur, au moyen de l'*actio venditi,* à le rendre propriétaire. Il doit être placé dans la même position que si, étant lui-même propriétaire, il avait immédiatement transféré la propriété à l'acheteur. Sur cette question, les textes sont complètement muets ; mais nous croyons que tous les jurisconsultes, sans distinction de système, auraient refusé la revendication au vendeur. La condition résolutoire peut bien avoir pour résultat de faire considérer le vendeur comme n'ayant jamais cessé d'être propriétaire quand il l'a été ; mais ici le vendeur ne l'a jamais été, et l'acheteur a usucapé pour son propre compte et non pour celui du vendeur.

Supposons, en second lieu, que l'*usucapio pro emptore* ne soit pas encore accomplie quand le vendeur reprend la chose ; le véritable propriétaire peut revendiquer tant que le délai requis pour l'usucapion n'est pas expiré. Mais le vendeur pourra-t-il, pour compléter l'usucapion, joindre à sa possession celle de l'acheteur ? Cette question se présentait, non-seulement à propos du pacte commissoire, mais encore à propos de toutes les conditions résolutoires, et elle avait été, paraît-il, controversée.

On trouve dans les textes des traces de cette controverse, en matière de ventes résolues par l'action rédhibitoire :

« Præterea quæritur, si quis hominem venditori redhibuerit; an accessione uti possit ex personâ ejus? et sunt, qui putant, non posse : quia venditionis est resolutio, redhibitio; alii, emptorem venditoris accessione usurum, et venditorem emptoris, quod magis probandum puto. » (L. 13, § 2, *de adquir. vel amitt. poss.*) Les uns partaient de cette idée que la *redhibitio* était une résolution et non une vente, et que dès lors il ne pouvait y avoir lieu à la jonction des possessions au profit du vendeur rentré en possession de l'objet vendu; d'autres, au contraire, considéraient la restitution de la chose par l'acheteur au vendeur comme une nouvelle vente au point de vue de la jonction des possessions.

C'est la dernière opinion qui avait prévalu. Des vestiges de cette dissidence se retrouvent encore dans la loi 6, *de diversis temp. præs.*, relativement cette fois à la *lex commissoria*, et l'on voit Africain se prononcer en faveur de la jonction des possessions au profit du vendeur qui reprend possession de la chose en vertu du pacte commissoire. « Vendidi tibi servum, et convenit, ut nisi certâ die pecunia soluta esset, inemptus esset : quod cum evenerit, quæsitum est, quid de accessione tui temporis putares? respondit, id quod servetur cum redhibitio sit facta; hunc enim perindè haberi ac si retrorsùs homo mihi venisset : ut scilicet si venditor possessionem posteà nactus sit, et hoc ipsum tempus, et quod venditionem processerit, et ampliùs accessio hæc ei datur cum eo, quod apud eum fuit, à quo homo redhibitus sit. » Enfin Javolenus, dans la loi 19, *de usucap. et usurp.*, professe la même doctrine en ce qui concerne toutes les conditions résolutoires en général.

Le quatrième effet de la vente, quand la *lex commissoria* est en suspens, c'est l'attribution des fruits à l'acheteur; mais cet effet n'est pas définitif. La condition réalisée, l'acheteur actionné en restitution sera obligé de rendre non seulement la chose, mais encore les fruits perçus pendant l'intervalle. (L. 5, *de leg. comm.*)

La raison qu'en donne Ariston, c'est que l'acheteur ne doit retirer aucun profit de son manque de foi. Mais cette raison qui repose sur l'idée d'une faute commise par l'acheteur est-elle bien bonne? Nous nous y arrêterions peut-être, si d'autres textes ne venaient nous montrer l'acheteur obligé, par suite de la résolution, de restituer les fruits, alors que cette résolution est complètement indépendante de son fait et de sa faute. Il en est ainsi notamment de l'acheteur dont le titre est anéanti par suite de l'*addictio in diem*. (L. 4, § 4, *in fine;* L. 6, *de in diem addict.*) En définitive, l'acheteur qui ne paie pas au terme fixé n'a aucune raison à invoquer pour garder les fruits et s'enrichir ainsi aux dépens d'autrui. Il doit donc les restituer, qu'il y ait de sa part manque de foi ou non. Ce principe de la restitution des fruits domine d'ailleurs toutes les actions de bonne foi. (L. 38, § 15, *de usuris et fructibus.*)

Cependant l'acheteur peut quelquefois garder les fruits. Ulpien, en rapportant un avis de Nératius, lui accorde ce droit, par une considération d'humanité, quand une partie du prix se trouve perdue pour lui. (L. 4, § 1, *de leg. comm.*) Mais dans quel cas une partie du prix se trouve-t-elle perdue? C'est une question que nous devrons examiner plus loin.

Quant aux risques, la question de savoir s'ils restent définitivement à la charge de l'acheteur, ou si la résolution les met rétroactivement à la charge du vendeur, ne peut guère se présenter. En effet, si la chose a péri en totalité pendant l'intervalle, le vendeur se gardera bien d'invoquer la résolution; il agira *ex vendito,* en paiement du prix, comme il en a le droit, et la condition ne s'accomplira pas.

Que si, avant l'accomplissement de la *lex commissoria,* la chose ne subit qu'une détérioration, cette détérioration serait supportée par le vendeur, s'il était assez imprudent pour demander la résolution; mais, comme il est libre d'y renoncer, il réclamera le prix et fera retomber ainsi sur l'acheteur la perte partielle comme la perte totale. (L. 2, *de leg. comm.*)

2° *Des effets de la condition résolutoire à l'égard du vendeur.*

La question de savoir si la condition résolutoire peut imposer des obligations au vendeur se présente dans deux circonstances : 1° lorsque le vendeur a reçu des arrhes; 2° lorsqu'il a reçu des à-compte sur le prix.

Première question. — *Le vendeur est-il obligé à la restitution des arrhes?* — Dans la pratique, on ajoutait à la vente une clause portant qu'à défaut de paiement du prix, dans le terme convenu, les arrhes seraient perdues. C'est ce qui résulte notamment de la loi 8, *de leg. comm.*, et de la loi 1, au Code, *de pact. int. empt. et vend.* De là, quelques interprètes ont conclu que l'acheteur perdait les arrhes dans le cas seulement où une convention expresse à cet égard était intervenue entre les parties.

Mais nous croyons, au contraire, que la perte des arrhes était de droit commun. De ce que, dans le but de prévenir toute espèce de doute, les parties ont prévu dans leur contrat les résultats qui se seraient produits, abstraction faite de toute réserve exprimée, conclure que ces résultats ne peuvent pas avoir lieu, parce qu'ils n'ont pas été formellement réservés, c'est une mauvaise manière de raisonner. « Quæ » dubitationis tollendæ causà contractibus inseruntur, jus » commune non lædunt. » (L. 56, *pr. mandati vel contra.*) Les clauses qui sont insérées dans les contrats, pour lever toute espèce de doute, ne portent aucune atteinte au droit commun.

Les arguments tirés des textes tombent du reste devant la loi 6, *de leg. comm.*, où l'on voit Scévola décider que l'acheteur encourt la perte des arrhes, sans supposer que cette perte ait été expressément convenue. Quant à la raison d'équité invoquée en faveur du système que nous combattons, elle n'est pas aussi évidente qu'on le dit. Quelle injustice y a-t-il donc à ce que le vendeur garde les arrhes, alors qu'elles ont été données en signe de l'indissolubilité du contrat, et que le contrat se trouve précisément dissous par la faute de l'acheteur?

Deuxième question. — *Le vendeur est-il obligé de restituer les à-compte qu'il a touchés?* — Dans une première opinion, on dit que l'acheteur perd de droit les à-compte qu'il a payés. On se fonde sur la loi 6, *de leg. comm.*, où Scévola décide que l'acheteur perd les arrhes ou ce qu'il a donné *alio nomine*. Mais il nous répugne de croire que ces mots *alio nomine* aient la portée qu'on leur attribue. Autre chose est la perte des arrhes, autre chose la perte des à-compte. Les unes ont été données comme témoignage et comme signe de l'indissolubilité du contrat; les autres en exécution de la vente. Comment les jurisconsultes auraient-ils mis sur la même ligne des choses si différentes et auraient-ils permis au vendeur de retenir ce qui a été payé pour l'exécution d'un marché dont il demande la résolution? L'acheteur qui aurait rempli une partie de ses engagements, qui aurait soldé la majeure portion du prix, serait moins bien traité que celui qui, plus coupable, n'aurait donné aucune satisfaction au vendeur! — Nous sommes convaincu, pour notre part, que Scévola a voulu parler des frais du contrat ou des sommes modiques données à titre de présents d'usage.

On se fonde aussi sur la loi 4, § 1, *de leg. comm.*, où Ulpien, rapportant une opinion de Nératius, décide que l'acheteur peut retenir les fruits *cùm pretium quod numeravit perdidit*. Mais ce texte ne résout pas la question. Le jurisconsulte s'occupe d'établir une dérogation aux principes rigoureux du droit, qui exigent la restitution des fruits pour le cas où l'acheteur perd une partie du prix; mais quand la perd-il? C'est ce que ni Ulpien ni Nératius ne nous disent, et c'est ce qui est à établir.

Tous les raisonnements, du reste, s'évanouissent devant la loi 6 au Code, *de pactis int. empt. et vend.*, qui établit d'une manière générale que, dans le cas où un fonds a été vendu sous certaines conditions, et où l'acheteur a violé le contrat, il doit restituer la chose avec les fruits, et que le vendeur, de son côté, doit rendre les sommes qui lui ont été payées. Une fois que la vente est résolue, les à-compte seraient retenus sans cause ; ils peuvent par conséquent être répétés en vertu d'une *condictio sine causà*.

Dans une deuxième opinion on distingue : si la chose vendue et livrée à l'acheteur ne produit pas de fruits, celui-ci peut réclamer la restitution des à-compte ; dans le cas contraire, il a la faculté de les exiger ou de les laisser au vendeur en retenant les fruits à titre de compensation. Cette distinction n'a aucun fondement. Dans les textes, rien n'indique l'idée d'un choix laissé à l'acheteur ; la perte du prix y est présentée comme absolue ; on fait seulement une grâce à l'acheteur en lui permettant de garder les fruits. Au surplus, Nératius et Ulpien invoqueraient-ils l'humanité, si pour l'acheteur il s'agissait d'un droit?

Reste une troisième opinion, qui consiste à dire que les à-compte sont perdus pour l'acheteur quand il s'est soumis à cette perte par une clause expresse du contrat. C'est dans cette hypothèse que se plaçaient, dit-on, les jurisconsultes pour apporter à la rigueur du droit un tempérament d'équité, et pour éviter à l'acheteur une double perte, celle des à-compte et celle des fruits.

DEUXIÈME HYPOTHÈSE. — *La* LEX COMMISSORIA *a été apposée à la vente comme condition suspensive.*

La condition suspensive consistant dans le paiement du prix, si ce paiement a lieu, l'*actio empti* prend naissance au profit de l'acheteur, qui dès lors peut forcer le vendeur à lui livrer la chose, si la tradition n'a pas encore eu lieu, et le contraindre à la garantie contre les troubles et évictions.

Si la tradition a déjà été effectuée, et que le vendeur soit propriétaire, la propriété passe sur la tête de l'acheteur, qui peut invoquer et se voir opposer les jugements obtenus pour ou contre le vendeur (Arg. L. 63, *de re judicatâ*) ; si le vendeur n'est pas propriétaire, l'acheteur commence à usucaper *pro emptore*.

Quant aux fruits perçus pendant l'intervalle, ils restent au vendeur (L. 8, *de per. et comm. rei vend.*). En ce qui concerne les risques, sans doute, dans les ventes conditionnelles, la perte totale est supportée par le vendeur, et la perte partielle par l'acheteur (L. 8, *de peric. et comm. rei vend.*). Mais dans l'espèce, la question ne pourra guère se soulever. La réalisation de la condition étant ici au pouvoir de l'acheteur, il se gardera bien de payer le prix soit en cas de perte totale, soit en cas de perte partielle, et pourra ainsi faire retomber sur le vendeur non seulement la perte totale, mais aussi les détériorations.

§ 2. — Effets de la *lex commissoria* a l'égard des tiers.

Dans l'opinion générale des jurisconsultes, la *lex commissoria* ne produisait pas d'effet à l'égard des tiers, le vendeur n'ayant contre l'acheteur qu'une action personnelle : l'*actio venditi,* suivant les Sabiniens; l'*actio præscriptis verbis,* suivant les Proculeiens. Dans le système de Marcellus, de Scévola et d'Ulpien, et dans la législation justinienne, le vendeur ayant une action réelle, fondée sur ce qu'il est devenu rétroactivement propriétaire, peut faire tomber les droits des tiers (L. 4, § 3, *de in diem addict.*), l'acheteur qui les a constitués étant censé n'avoir jamais eu la propriété de la chose.

Il faut avouer que l'ancien système convenait mieux à une époque où l'on était loin de songer encore à organiser la publicité des charges qui grèvent la propriété. Les principes posés par l'école d'Ulpien sont plus en harmonie avec le progrès des idées juridiques. Mais, pour ne pas engendrer de résultats funestes, ils ne peuvent être appliqués que dans les législations qui cherchent à sauvegarder les transactions, et veillent à l'intérêt des tiers par un système de publicité largement développé.

Notre étude sur la *lex commissoria* doit prendre fin ici. Le Digeste ne s'occupe de cette clause qu'à propos du contrat de vente. Cependant il nous faut ajouter que, dans l'ancien droit romain, il y avait aussi une *lex commissoria* qui s'appliquait au gage (Paul. Sent. II, 13, *de leg. comm.*).

On pouvait convenir, en constituant un gage, que le créancier, s'il ne recevait pas le paiement à l'époque marquée, deviendrait propriétaire de la chose engagée. C'était la clause renfermant cette convention qui s'appelait *lex commissoria* (§ 9, *fr. vat.*). Mais cette clause accessoire fut absolument défendue par Constantin, dans la constitution du gage (L. un. Th. C., *de commis. rescind.* III, 2, et L. 3, J. C., *de part. pign.* VIII, 35). — Par là s'explique comment, dans le Digeste, la *lex commissoria* n'est jamais mentionnée dans le contrat de gage, mais bien dans le contrat de vente où elle ne fut pas prohibée. (V. M. Pellat, *Traité du droit de gage et d'hypothèque*, trad. p. 34 et 35.)

Nous croyons devoir ajouter encore qu'on avait coutume de joindre à la *lex commissoria* cette clause que, si le vendeur, forcé par suite du non paiement du prix, de reprendre la propriété de sa chose, la vendait ensuite à un prix moindre que celui auquel il l'avait précédemment vendue, il aurait action contre le premier acheteur pour le contraindre à lui payer la différence qui existait entre le premier et le second prix de la vente. L'action dont usait le vendeur, en ce cas, était l'*actio ex vendito* (L. 4, § 3, *de leg. comm.*).

DROIT FRANÇAIS.

DE LA PROPRIÉTÉ EN GÉNÉRAL,

ET

DU DROIT D'ACCESSION RELATIVEMENT AUX CHOSES IMMOBILIÈRES.

(Art. 544, 545, 546; 552 à 564 du Code Nap.)

Nous avions d'abord conçu l'idée d'une thèse beaucoup plus vaste, et très-certainement beaucoup plus intéressante que celle que nous présentons aujourd'hui. Nous avions eu l'ambition d'embrasser dans notre travail tout ce qui se rattache à la propriété, mais à la propriété immobilière seulement, et voici quel était notre plan : Après avoir parlé du fondement du droit de propriété en général, et prouvé la légitimité de ce droit, nous aurions esquissé à grands traits son histoire ; ensuite nous nous serions livré à la recherche et à l'examen critique des motifs divers qui, dans le droit ancien et dans le droit moderne, ont fait établir une distinction entre les biens meubles et les biens immeubles, et nous aurions posé nettement cette distinction selon les principes de notre législation actuelle ; puis après cet aperçu rapide et général, servant comme de large préface à notre œuvre, abordant enfin notre véritable sujet et le resserrant dans ses véritables limites, nous aurions examiné quelle est la nature et quels sont les éléments du droit de propriété *immobilière*, quel est son objet, quels démembrements il peut subir; quelles garanties propres lui sont accordées, quelles restrictions particulières lui sont imposées; et, pour terminer, nous aurions recherché comment s'acquiert, se conserve et se perd le droit de propriété *immobilière*, insistant autant que possible sur les actions *spéciales* et les contrats *spéciaux*, et glissant rapidement, au contraire, sur les règles et sur les dispositions légales *communes* aux deux propriétés mobilière et immobilière.

Mais, lorsqu'il nous fallut arriver à l'application, nous reconnûmes promptement qu'un tel sujet, pour être bien traité, demandait des recherches très-multipliées, des développements considérables, un temps malheureusement trop long, et surtout une plume plus exercée, une méthode plus exacte, plus savante, un esprit plus sûr de lui-même, plus mûri dans l'étude, en un mot, des connaissances et des talents supérieurs aux nôtres. Trop faible pour supporter le fardeau tout entier, nous n'en avons pris qu'une partie. Au lieu de faire un traité sur la propriété immobilière, nous avons restreint notre thèse à *la propriété en général* et au *droit d'accession relativement aux choses immobilières*.

Notre matière sera divisée en deux parties bien distinctes: la première, sorte d'introduction, comprendra, outre l'histoire sommaire de la propriété, les considérations générales et philosophiques sur le droit de propriété, sur son origine, sa raison d'être, sa justice et sa nécessité; dans la seconde, nous traiterons du droit pur, pratique, et nous commenterons le Code article par article, en nous attachant surtout au droit d'accession immobilière.

PREMIÈRE PARTIE.

DE LA PROPRIÉTÉ EN GÉNÉRAL.

Au début de cette étude, nous rencontrons une question dont l'examen doit précéder toute autre recherche ; nous voulons parler de la légitimité *du droit de propriété* lui-même.

D'où dérive le droit de propriété ? Est-ce un droit naturel, ou seulement un droit conventionnel, une création purement arbitraire des législateurs humains ? En d'autres termes, le droit de propriété est-il un de ceux qui, bien loin de n'être qu'une dérivation de la loi positive, précèdent la loi et sont sa raison d'être ? Ces questions ne sont pas subtiles et oiseuses à une époque où ce droit a été méconnu et dénié par d'imprudents sophistes ; ce sont des questions fondamentales dont la solution intéresse au plus haut degré la société.

En effet, si l'on admet que la propriété tire toute sa force de la loi civile, si l'on admet qu'elle ne se rattache pas à ces lois primordiales et invariables dont les législateurs peuvent bien modifier çà et là les applications selon les mœurs, les temps, les lieux, les circonstances, mais dont ils sont tenus de respecter les grands principes, il n'y a plus de sécurité pour ceux qui possèdent. Ce qu'un législateur a fait, un autre peut le défaire. La propriété n'est plus inviolable et sacrée : elle reste livrée à l'arbitraire. Lorsqu'on voudra y porter atteinte, les prétextes ne manqueront pas, pas même le prétexte si élastique de l'intérêt public.

Tous les beaux projets d'organisation de la propriété éclos depuis quelques années dans la cervelle de rêveurs et d'utopistes dangereux, projets le plus souvent contradictoires, suffisent pour faire comprendre dans quel chaos on tomberait. D'essais en essais, d'avortements en avortements, on arriverait jusqu'à compromettre, sinon l'existence de la société, qui est au-dessus de toutes les atteintes, mais les conditions de la paix sociale et de l'indépendance individuelle, mais les progrès de la civilisation et de la richesse générale dont le premier et le plus solide fondement est dans l'inviolabilité du droit de propriété.

Toutes les attaques dirigées contre le droit de propriété prennent pour point de départ le principe erroné que c'est la loi qui a créé ce droit. Il n'en est pas ainsi : le droit de propriété est un droit naturel, supérieur et antérieur à la loi, à laquelle il a donné naissance, et c'est à tort qu'il a été soutenu, même par d'éminents esprits (voir notamment Montesquieu, *Esprit des Lois,* liv. 26, chap. 15 ; Bentham, *Principes de législation civile,* chap. 8, t. 1er, p. 179; Benjamin Constant, *Principes de politique,* p. 221), que la propriété n'est rien autre chose qu'une convention sociale ; qu'avant les lois civiles il n'y avait point de propriété, et que, ces lois étant ôtées, toute propriété cesse.

Dieu, en donnant des besoins à l'homme, lui a donné en même temps le droit de les satisfaire en se servant des choses créées. Parmi ces choses, quelques-unes, telles que l'air, la lumière, la mer, qui ne s'épuisent et ne se modifient pas par l'usage, peuvent rester communes à tous ; mais il en est d'autres dont l'homme ne peut user qu'en se les appropriant.

L'*appropriation* implique deux idées distinctes, mais corrélatives : l'affectation d'une chose à l'usage d'une personne, et en même temps la privation de cette même chose pour toute autre personne. Quand je mange un fruit, je me l'approprie, car j'enlève aux autres hommes la faculté de le manger; de même lorsque m'emparant des matières brutes que je trouve dans la nature, je m'en façonne une arme, des vêtements, je me les approprie, car j'enlève à mes semblables la faculté de se servir de ces mêmes objets. L'usage de la plupart des choses est, de même, nécessairement individuel et exclusif. Pour contester le droit d'appropriation, ou il faut soutenir que les choses n'ont pas été faites pour l'homme, et nul ne l'oserait; ou il faut bien reconnaître qu'en se les appropriant l'homme a fait de ces choses l'usage pour lequel elles ont été créées, et par conséquent un usage légitime. Or, si la faculté d'appropriation est une suite naturelle et forcée de la destination providentielle des choses créées, on doit en conclure que l'obligation réciproque de respecter l'exercice de cette faculté est une de ces lois naturelles et primordiales qui, avant toute société, avant toute loi positive, régissent les rapports des hommes entr'eux.

L'appropriation se traduit en fait; en d'autres termes, d'après le droit naturel la propriété des choses qui n'ont pas de maître s'acquiert, à l'égard des choses mobilières, par le mode le plus simple d'occupation, par l'appréhension manuelle : ainsi je cueille un fruit, je saisis un objet qui se présente à mes regards, cela suffit pour m'en constituer propriétaire. Cet objet se trouve dès-lors comme identifié avec moi-même, et nul ne pourrait me l'arracher sans attenter à ma liberté, sans violer un droit que j'ai acquis.

L'appropriation une fois accomplie, pour que son effet subsiste, il n'est pas nécessaire que le fait matériel, l'appréhension au moyen duquel elle s'est opérée, se perpétue; la volonté de rester propriétaire suffit, pourvu que cette volonté soit manifestée par quelque signe visible qui avertisse les tiers de l'existence du droit acquis. Ainsi, par exemple, je cueille des fruits; je creuse un trou dans la terre, je les y renferme, puis je m'éloigne. Celui qui, en mon absence, viendrait à découvrir ces fruits et à s'en emparer, violerait mon droit. Le fait antérieur d'appropriation, la volonté d'en conserver l'effet lui sont révélés, démontrés par des signes certains; il doit respecter le droit acquis. S'il en était autrement, si l'homme ne devait rester propriétaire qu'à la condition de détenir matériellement l'objet acquis, le droit de propriété se trouverait renfermé dans des limites si étroites que son utilité deviendrait illusoire. En donnant à l'homme la faculté de prévoir les besoins futurs, le créateur lui aurait refusé les moyens de les satisfaire. L'été il ne pourrait amasser pour l'hiver, ou lorsqu'il est jeune et fort, pour le temps où viendront la maladie, les infirmités, la vieillesse.

L'appropriation simple, l'occupation n'est pas le seul moyen naturel d'acquérir la propriété mobilière, il faut en reconnaître un autre moins contestable encore; ce moyen, c'est le travail. Le travail est pour l'homme une nécessité absolue. Jeté sur la terre privé de tout, il faut qu'il pourvoie à sa faim, à sa soif, à tous ses besoins si divers. Admettez un instant que nous assistions à la formation des sociétés, qu'aucune loi n'existe encore, contestera-t-on à chaque homme un droit de propriété sur les vêtements qu'il se sera procurés, sur l'abri qu'il aura construit, sur les armes, les filets, les outils qu'il aura inventés et fabriqués, sur les provisions qu'il aura mises en réserve pour lui-même et pour sa famille? Lui contestera-t-on le droit de les défendre, même par la force, contre celui qui tenterait de les lui ravir? N'est-il pas évident que, le jour où une loi sur la propriété sera promulguée, elle ne créera pas, elle ne fera que consacrer ces droits qui existaient avant elle? Si l'on essayait de le contester, il faudrait soutenir que l'homme n'a pu vivre sur la terre, et qu'il n'a pu pourvoir à ses besoins avant l'existence des lois positives.

Reconnaissant, pour la plupart, que l'on ne peut raisonnablement nier le droit de propriété mobilière, qui est trop évident, trop facile à démontrer, c'est surtout contre le droit de propriété immobilière que les adversaires du droit de propriété ont réuni tous leurs efforts. Mais le droit de propriété immobilière n'est pas moins incontestable que le droit de propriété mobilière; il a la même origine, il repose sur les mêmes fondements. Nous avons dit que le droit de propriété mobilière n'est que le droit pour l'homme de vivre et de pourvoir à ses besoins; sans le droit de propriété immobilière, l'homme est condamné à rester à l'état nomade. Qu'on supprime ce droit : la terre ne sera plus cultivée; les villes tomberont bientôt en ruines; les arts, l'industrie, le commerce seront anéantis; le mouvement progressif de la civilisation, qui a donné aux facultés de l'homme un si sublime essor, s'arrête; l'humanité rétrograde et retombe dans la barbarie.

Si l'on se reporte à l'origine des sociétés, à l'époque qui a précédé les lois écrites, on verra le droit de propriété immobilière naître, comme le droit de propriété mobilière, de l'occupation et du travail. Ici encore la loi civile n'a fait que consacrer un fait qui est nécessaire au développement complet de l'existence humaine, et par conséquent un droit qui lui est antérieur.

L'homme, placé sur la terre pour y vivre, y occupe nécessairement un certain espace. Cet espace, nul ne peut l'en chasser; car nul n'a sur cette portion du sol un droit supérieur au sien. « Supposons, dit M. Troplong (*de la prop.*, » d'après le Code civil, p. 15), supposons qu'au moment » ou le lazzaroni est livré au sommeil sous le péristyle d'un » palais, son camarade vienne le réveiller en lui disant : « Sors de là, que je dorme à ta place ! » Cette prétention » serait injuste; elle susciterait des querelles et des voies de » fait. Mais le droit du premier occupant, compris par les » hommes les plus grossiers, prévient le désordre; et l'oc- » cupation de l'un empêche l'occupation de l'autre venu » après lui. »

Il est vrai que, dès qu'il s'est retiré, la place devient libre et peut être occupée par un autre. Celui qui l'occupait antérieurement ne peut s'y opposer. Le contact passager qu'il a eu avec une portion du sol n'a pu lui conférer un droit permanent. Mais pour voir de ce droit d'occupation, même ainsi restreint, sortir la démonstration de la légitimité du droit de propriété du sol, il suffira qu'on ne puisse nier que ce droit subsiste tant que l'occupation se prolonge. Pour le lazzaroni, elle n'aura que la durée d'une nuit et ne comprendra qu'un étroit espace; pour les peuples nomades et pour les peuples pasteurs, elle s'étendra aux plaines occupées par leurs tentes et par leurs troupeaux, et durera pendant des mois entiers; pour les peuples agriculteurs, par la seule force des choses, elle se prolongera pendant des années, pendant toute la vie de chaque homme qui cultivera un champ, et même au-delà; car l'occupation sera continuée par ses enfants qu'il aura associés à son travail.

L'occupation passagère devient définitive, le droit de propriété immobilière, proprement dit, commence au moment où, par des actes dont l'effet est permanent, par des actes qui modifient l'état naturel du sol, l'homme se l'approprie. Prenons pour exemple le défrichement, par le premier labourage, de la terre encore inculte. Pour faire porter des fruits à ce sol ingrat et stérile, il faut, disons-nous avec M. Thiers, « (*de la propriété*, page 39), il faut y fixer sa chaumière, » l'entourer de limites, en éloigner les animaux nuisibles, » brûler les ronces sauvages qui la couvrent, les convertir » en une cendre féconde, détourner les eaux infectes qui » croupissent sur sa surface, pour les convertir en eaux lim- » pides et vivifiantes, planter des arbres qui en écartent ou » les ardeurs du soleil, ou le souffle des vents malfaisants, » et qui mettront une ou deux générations à croître; il faut » enfin que le père y naisse et y meure, après le père le fils, » après le fils les petits-fils. »

En transformant ainsi le sol, l'homme ne l'a-t-il pas marqué de son sceau? N'en a-t-il pas fait sa chose, comme il a fait sa chose de la branche dont il a fabriqué le manche de sa charrue, du fer dont il en a forgé le soc? Quel autre homme oserait dire qu'il a sur le sol défriché un droit égal au sien; qu'il peut s'en emparer sans commettre un crime? Nier le droit ainsi acquis, c'est condamner la terre à rester en friche. Disons-le encore avec M. Thiers : « Qui donc se » donnerait tous ces soins, si la certitude qu'un usurpateur » ne viendra pas détruire ces travaux, ou, sans les détruire, » s'en emparer pour lui, n'excitait, ne soutenait l'ardeur de » la première, de la seconde, de la troisième génération? et » cette certitude, qu'est-elle? Sinon la propriété admise, » garantie par les forces de la société? »

Le travail, voilà la véritable origine du droit de propriété immobilière. Le travail en justifie la légitimité; il en démontre la nécessité. Par le travail, il s'ajoute à la terre une valeur qui n'existait pas auparavant, et à laquelle personne n'a droit que celui qui l'a créée. « La terre était morte, di- » rons-nous avec le Coran, il est juste qu'elle appartienne » à celui qui l'a ramenée à la vie. »

Dans son traité sur *la propriété d'après le Code civil* (p. 13 et suiv.), M. Troplong a clairement démontré comment le droit de propriété sur le sol, qui commence par l'occupation, se perpétue et s'immobilise par le travail.

« L'homme qui s'est assimilé le sol par le travail, dit-il, » y a un droit, et qui dit droit dit une chose qui dure, qui » se perpétue et se transmet. Ce n'est pas ici une occupation » passagère comme celle de Diogène, qui prend momenta- » nément une place dans un carrefour pour se chauffer au » soleil; l'occupation reçoit de l'intention et du fait de l'oc- » cupant, un caractère de durée indéfinie. Ce dernier n'a » pas touché la terre par une trace fugitive; il y a posé sa » demeure, versé ses sueurs, dépensé ses capitaux. Une » telle occupation a créé entre cette terre vacante et lui un » rapport de droit qui n'a de réalité que par la fixité. Quand » Diogène occupe sa place d'un moment sur la voie pu- » blique, nul n'a le droit de la lui prendre tant qu'il trouve » bon de ne pas s'en éloigner; sinon, ce serait faire violence

» à sa personne et attenter à sa liberté. Combien, à plus forte
» raison, le crime contre la personne et la liberté d'autrui
» ne serait-il pas plus grand, quand l'occupant a payé sa
» place par ses fatigues et ses dépenses; quand à une
» occupation matérielle s'est ajouté le travail intelligent;
» quand l'homme ne peut être expulsé de cette terre qu'il
» a faite sienne, sans y laisser une partie de sa propre sub-
» stance!

» La conquête pacifique de la terre, par l'occupation et
» le travail de l'homme, n'est pas moins pleine, moins ab-
» solue, moins permanente que celle des objets mobiliers.
» Respectable le premier jour, elle l'est le second, le troi-
» sième, le quatrième et ainsi de suite, parce que le lende-
» main comme la veille l'homme est toujours là présent par
» sa personne ou par ses travaux. Si le spoliateur ne trouve
» pas sa personne parce qu'elle est absente, il trouve au moins
» sa volonté et ses travaux par lesquels il a signalé sa prise de
» possession. L'occupation d'une terre réfléchit la person-
» nalité du maître. Présent ou absent, le propriétaire a un
» droit qui a pénétré jusque dans les entrailles de la chose
» (*jus in re*, comme disent les jurisconsultes romains), et
» qui a pour témoins les limites, les cultures, les amende-
» ments, les constructions. »

La légitimité du droit de propriété est confirmée par la conscience universelle; aucune société ne peut exister sans ce droit. Dès que deux hommes sont réunis, on voit apparaître la distinction du *tien* et du *mien;* c'est un instinct naturel qui le leur enseigne; s'ils n'admettaient pas le droit réciproque de propriété, ils seraient immédiatement en guerre. Tous les peuples anciens ou modernes, barbares ou civilisés, ont admis ce droit. Il n'en est pas un seul chez qui, aussitôt que s'opère la transition de la vie nomade à la vie sédentaire, on ne voie le droit individuel de propriété sur le sol proclamé comme un droit sacré. A cet assentiment unanime de toutes les générations qui se sont succédées sur la terre depuis l'origine des temps pour constater le droit de propriété, on ne peut opposer que des subtilités et des sophismes.

Une première objection est celle-ci : toute obligation morale dérive d'une loi imposée à l'homme par son créateur. Où est la loi d'où dérive l'obligation de respecter la propriété? Ce n'est ni un droit *inné*, ni un droit *conventionnel*. Ce qui lui a donné naissance c'est l'occupation, c'est le travail, c'est un fait purement individuel; or, comment imaginer qu'un individu, par son seul fait, par sa seule volonté, puisse créer une obligation pour ses semblables?

La loi que l'on demande, elle est écrite dans la loi divine, dans la loi naturelle, dans la conscience de l'homme! Mais écartons la loi divine, écartons le cri de la conscience, écartons même la loi naturelle, sous l'empire de laquelle nous venons de voir le droit de propriété justifié et légitimé par le droit d'occupation et le droit du travail; prenons la réponse à l'objection dans l'objection même. Niera-t-on que le droit de pourvoir à ses besoins, que la liberté humaine soient des droits *innés?* Si la propriété n'est pas elle-même un droit inné, elle est une conséquence nécessaire de ces deux droits, auxquels elle se rattache d'une manière si étroite et si intime qu'elle ne peut être violée sans qu'ils le soient également. Celui qui pour se construire une habitation, celui qui pour tirer de la terre sa subsistance s'est, par une occupation ayant un caractère permanent, approprié un sol qui n'avait pas de maître, n'a fait qu'user de sa liberté naturelle; et cet usage n'a rien eu d'illégitime, rien d'excessif, puisque la terre, avec tout ce qu'elle porte, a été créée pour l'homme. Si vous détruisez son habitation ou si vous l'en chassez, si vous détruisez ses récoltes ou si vous vous en emparez, vous attentez à sa liberté dans les produits de son légitime exercice; vous lui dérobez ce qui est indispensable à son existence : pour parler votre langage, vous violez deux droits *innés*.

Soit, dit-on encore; quand la propriété aura pour origine

le travail, nous la tiendrons pour sacrée : mais la propriété n'est pas toujours née du travail; le plus souvent elle n'a pas d'autre titre que l'usurpation, la violence et la force.

Il est vrai que, dans le monde ancien et dans le moyen âge, et c'est même ce qui les sépare profondément du monde moderne, la propriété qui s'acquiert aujourd'hui par le travail s'acquérait souvent par la conquête. Il est encore vrai, si l'on veut, que même de nos jours, si l'on remontait à l'origine de tous les titres de propriété, on en trouverait quelques-uns qui sont viciés par la fraude ou par l'usurpation. Mais en quoi et comment ces faits regrettables peuvent-ils porter atteinte à la légitimité du droit de propriété, lorsqu'on le considère comme une question de principe, et abstraction faite de toutes les fausses applications qu'il a pu recevoir? L'usurpation, la violence, la fraude, ne sont pas le fondement du droit de propriété, ce sont au contraire des atteintes portées à ce droit, et c'est uniquement parce que ce droit existe que la conscience humaine les réprouve; s'il n'existait pas, sur quoi se fonderait-on pour les blâmer? S'appuyer pour nier le droit de propriété sur la violation de ce droit à certaines dates ou par certains hommes, c'est là une étrange logique! On feint d'oublier qu'il ne s'agit pas de savoir si tous les titres de propriété sont légitimes, mais si le droit de propriété existe; ce qui est bien différent.

S'il y a des titres qui ne soient pas légitimes, la seule conséquence que l'on puisse en tirer, c'est qu'il faut les annuler et rendre la propriété à ceux qui en ont été injustement dépossédés. Est-il possible de remonter aujourd'hui à l'origine de tous les titres de propriété? Si cela était possible, serait-il utile ou nuisible à la société que l'on fît cette recherche? Serait-il juste de déposséder les propriétaires actuels? Voilà les questions que l'on peut discuter; mais il importe de le faire remarquer, ce sont là des questions d'intérêt social et de justice distributive complètement en dehors du droit de propriété lui-même. Ce droit reste intact quelle que soit la solution qui leur est donnée (1).

Un écrivain qui a rendu son nom fameux par les attaques contre tout ce que les hommes sont habitués à respecter, et surtout par ses attaques contre le droit de propriété, M. Proudhon a employé des arguments plus spécieux. Il nie le droit de propriété en s'appuyant sur les principes mêmes sur lesquels ce droit s'est fondé dans son origine : le droit d'occupa-

---

(1) La seule solution possible, est-il nécessaire de le rappeler ici? c'est le respect de la propriété acquise, c'est la prescription. C'est aussi la seule qui ait été admise par tous les peuples. Les motifs qui la légitiment ont été nettement résumés dans les lignes suivantes par M. Thiers, qui démontre que la prescription est une nécessité sociale, et par M. Troplong, qui justifie les propriétaires *actuels* du sol.

« Aucune transaction ne serait possible, dit M. Thiers (*de la propriété*, p. 95), aucun échange ne pourrait avoir lieu, s'il n'était acquis » qu'après un certain temps celui qui détient un objet le détient justement et peut le transmettre. Figurez-vous quel serait l'état de la » société, si on pouvait remonter au XIIe et au XIIIe siècle, et vous disputer une terre, en prouvant qu'un seigneur l'enleva à son vassal, » la donna à un favori, ou à un de ses hommes d'armes, lequel la vendit » à un membre de la confrérie des marchands, qui la transmit lui-même de mains en mains à je ne sais quelle lignée de possesseurs » plus ou moins respectables ! Il faut bien qu'il y ait un terme convenu, » ou ce qui est, par cela seul qu'il est, soit déclaré légitime et tenu » pour bon : sans quoi, voyez quel procès s'élèverait sur toute la surface du globe!

» La propriété, telle qu'elle existe en France, dit à son tour M. Troplong, ne va pas chercher des titres contestables et disputés dans la » conquête, ou dans les secrets impénétrables d'une antiquité fabuleuse. Fille du travail, elle met ses ouvriers à l'œuvre à la face du » soleil. Presque tous ne datent que d'hier dans cette société renouvelée » de fond en comble depuis 60 ans. Ils peuvent montrer leurs mains » endurcies par le travail de l'agriculture ou de l'industrie, ou leur » front sillonné de rides par les labeurs non moins pénibles de l'esprit. » Voilà, pour l'immense majorité des Français, les parchemins des propriétaires! »

tion et la nécessité pour l'homme de pourvoir à ses besoins par le travail.

« Puisque tout homme, dit-il, a droit d'occuper par cela » seul qu'il existe, et qu'il ne peut se passer pour vivre » d'une matière d'exploitation et de travail; et puisque, » d'autre part, le nombre des occupants varie continuelle- » ment par les naissances et les décès, il s'ensuit que la quo- » tité de matière à laquelle chaque travailleur peut prétendre » est variable comme le nombre des occupants, par consé- » quent, que l'occupation est toujours subordonnée à la po- » pulation; enfin que la possession, en droit, ne pouvant » jamais demeurer fixe, il est impossible en fait qu'elle de- » vienne propriété.

» Un homme, » continue M. Proudhon, « à qui il se- » rait interdit de passer sur les grands chemins, de s'ar- » rêter dans les champs, de se mettre à l'abri dans les ca- » vernes, d'allumer du feu, de ramasser des baies sauvages, » de cueillir des herbes et de les faire bouillir dans un mor- » ceau de terre cuite, cet homme-là ne pourrait vivre. Ainsi » la terre, comme l'eau, l'air et la lumière, est un objet de » première nécessité dont chacun doit user librement sans » nuire à la jouissance d'autrui; pourquoi donc la terre est- » elle appropriée? »

Au fond de ces raisonnements qui affectent une forme d'argumentation serrée comme le sillogisme, il n'y a en réalité rien de sérieux. Ils ne reposent que sur des subtilités.

L'homme n'a pas le droit d'occuper *par cela seul qu'il existe.* Le droit d'occupation n'est pas absolu; ainsi que nous l'avons déjà dit, il est subordonné à une condition, c'est que le sol ne soit pas déjà occupé par un autre. Déclarer que l'occupation antérieure ne doit pas être respectée, ce serait proclamer le droit du plus fort. De ce que l'homme ne peut se passer d'une matière d'exploitation et de travail, il ne s'en suit pas qu'il faille nécessairement partager le sol entre tous les hommes *nés et à naître*. Le sol n'est pas la seule matière d'exploitation et de travail. Si les uns ont le sol, les autres ont les métiers, les arts, l'industrie, le commerce, et ce ne sont pas les plus mal partagés. Aujourd'hui, sous le régime du droit de propriété qu'on attaque avec tant d'imprudence, le dernier des vagabonds ne voudrait pas du droit que réclame pour lui M. Proudhon, d'avoir pour abri les cavernes, et de se nourrir de baies sauvages et d'herbes ramassées dans les champs; on ne trouverait pas un seul homme qui consentît à accepter le petit lot de terre que lui donnerait un partage général, si on lui imposait l'obligation de le cultiver lui-même avec la perspective d'une dépossession subordonnée à l'augmentation de la population. Le plus modeste ouvrier, à l'heure où j'écris ces lignes, est certainement mieux logé, mieux nourri, mieux vêtu que ne pourrait l'être, avec son droit à la communauté de la terre, l'homme de M. Proudhon.

Sous aucun rapport on ne peut assimiler la terre à l'eau, à l'air et à la lumière. Si l'on peut user librement de l'eau, de l'air et de la lumière, sans nuire à la jouissance d'autrui, il n'en est pas de même du sol. L'eau, l'air, la lumière sont inépuisables; leur usage n'exige aucun travail; il ne laisse aucune trace permanente. L'aréonaute traverse les airs, mais il ne peut s'y fixer, et l'oiseau lui-même, qui s'y tient si légèrement suspendu, n'y peut bâtir son nid. L'eau d'un fleuve se renouvelle sans cesse, et lorsque le navire passe, la vague efface son sillage. La terre, au contraire, garde une empreinte profonde du travail de l'homme; quiconque l'occupe, exclut un autre occupant. Elle n'accorde rien gratuitement; elle ne fait que rendre ce qu'on lui a donné. Pour qu'elle produise, il faut qu'elle subisse une transformation et comme une création nouvelle. Non-seulement on peut se l'approprier, mais sans l'appropriation ce n'est qu'une matière inerte, ou au moins dont les productions ne peuvent suffire aux besoins de la vie la plus frugale.

Mais, insiste M. Proudhon, comment peut-on concevoir

que l'homme qui n'a pas créé la terre puisse en devenir propriétaire exclusif? Si, par son travail, le sol a doublé, triplé de valeur, s'il a acquis une plus-value considérable, je comprends que l'on soutienne que cette plus-value, créée par le travail de l'homme, soit sa propriété : mais la terre elle-même, la matière brute, il ne l'a pas créée; or, ce qu'il n'a pas créé ne saurait lui appartenir; donc le sol n'est pas sien, et il ne peut s'en dire propriétaire sans usurpation.

Cette objection, souvent invoquée, ne mérite pas une réfutation sérieuse. M. Proudhon ne conteste pas que l'homme ne puisse légitimement se dire propriétaire de ses instruments de travail, de ses armes et des produits de sa chasse ou de sa pêche. L'homme a-t-il créé *la matière brute* qui lui a servi à façonner ses outils et ses armes, l'oiseau qu'il atteint dans l'air, le poisson que son filet ramène du fond des eaux? Le laboureur, comme celui qui met en œuvre le bois et le fer, prend dans la nature une matière brute, la transforme par son travail et en fait un instrument d'activité féconde; si l'un est propriétaire, pourquoi l'autre ne le serait-il pas? Evidemment ils le sont tous deux au même titre.

M. Proudhon cependant veut bien reconnaître que le cultivateur qui a fait des améliorations sur le sol *a droit à une préférence comme possesseur*. Mais il ajoute : « Pour transformer la possession en propriété, il faut autre chose que le travail, sans quoi l'homme cesserait d'être propriétaire dès qu'il cesse d'être travailleur. »

Il y a en effet autre chose : le respect du droit acquis, respect qui n'est que la conséquence des sentiments de justice inspirés à l'homme par sa conscience et sa raison. L'occupation première et le travail expliquent et légitiment le droit de propriété à son origine; mais une fois la propriété acquise, l'occupation réelle et le travail actuel n'en sont plus une condition nécessaire. « Qui dit *droit*, répétons-le avec M. Troplong, dit une chose qui dure, qui se perpétue et se transmet. »

Dans la propriété immobilière, M. Proudhon ne paraît

voir que le sol et le travail actuel; il y a quelque chose de plus. Tout travail donne un produit, qui continue à subsister après le travail. Ce produit s'ajoute à la valeur du sol, et souvent la surpasse de beaucoup. En appliquant le principe de M. Proudhon, lorsqu'un homme a construit une maison, il faudrait l'en chasser parce qu'il n'y travaille plus. La terre mise en culture représente une valeur étrangère au sol, créée par le travail, aussi réelle que la maison, quoiqu'elle frappe moins les yeux. Les récoltes qu'on envie au propriétaire sont le fruit des produits accumulés du travail de plusieurs générations. Que serait le sol sans les défrichements, les labours successifs, les engrais, les desséchements, les plantations, sans toutes les améliorations dues à l'intelligence et au génie de l'homme? Donner à un autre les arbres que j'ai plantés, les vignes que j'ai créées, le marais que j'ai desséché, la terre que j'ai rendue fertile, serait aussi inique que de lui donner la maison que j'ai bâtie. C'est ma chose; c'est le fruit de mon travail qui s'est si intimement incorporé au sol qu'on ne peut plus l'en séparer; on ne saurait donc m'en dépouiller sans commettre une usurpation, un vol.

Ici se place un argument des communistes et des socialistes, argument anglais de naissance, à ce qu'il paraît. Le voici extrait d'un petit opuscule de M. Considérant, publié sous ce titre : *Théorie du droit de propriété et du droit au travail.*

Un produit agricole existe par le concours de deux actions :

L'action de l'homme, ou le travail, qui donne ouverture au droit de propriété ;

L'action de la nature, qui devrait être gratuite, et que les propriétaires font injustement tourner à leur profit. C'est là ce qui constitue l'usurpation.

Ainsi la logique socialiste dit aux travailleurs : Prenez garde ! dans le prix du pain que vous mangez, il entre trois éléments : le travail du laboureur, vous le devez; le loyer du propriétaire, vous le devez; l'action de la nature, vous ne la devez pas.

La réponse est simple : L'action, qui appartient à la nature dans la production des céréales, n'est pas un des éléments de leur prix. Jamais on ne l'a fait payer, on ne paye que le travail de l'homme.

Dira-t-on que l'on ne doit pas payer le porteur d'eau, le blanchisseur, l'homme qui comprime l'air dans la cloche à plongeur, parce que l'eau, l'air, la rosée et les rayons du soleil appartiennent à tous? Mais évidemment leur salaire n'est que la récompense du service rendu. De même, ce que l'on paye à l'agriculteur, ce n'est ni l'action des saisons, ni la pluie, ni les rayons du soleil, ni la fertilité de la terre, c'est le rude labeur qui le tient courbé pendant une année entière sur le sillon qu'il arrose de ses sueurs. Ce n'est pas lui qui recueille le bénéfice de l'action des agents naturels, c'est celui qui achète. Plus les agents naturels ont secondé son travail, plus la récolte est abondante et plus les prix baissent. Ils descendent même quelquefois assez bas pour que le travail ne soit plus suffisamment rénuméré. Si les prix s'élèvent, c'est au contraire lorsque l'action des agents naturels a eu le moins d'efficacité. Les agents naturels abandonnés à eux-mêmes ne donnent pas des récoltes, ils ne donnent que des ronces et des épines.

Si les adversaires du droit de propriété sont de bonne foi, leur aveuglement est étrange. Ils méconnaissent les vérités les plus élémentaires, les faits les plus évidents. Ils en sont venus jusqu'à accuser ce droit de tous les maux, de toutes les imperfections humaines. Ainsi c'est à la propriété qu'ils attribuent l'inégalité des conditions dans l'état social. Il est facile de démontrer que cette inégalité est inhérente à l'espèce humaine, et qu'elle n'est que le résultat des différences que la nature a mises entre les hommes. Tous les hommes, en effet, n'ont pas la même force musculaire, le même degré d'intelligence, la même énergie, la même aptitude au travail, la même persévérance; il faut tenir compte aussi du hasard et des circonstances. Il est dans la nature même des choses que les plus forts, les plus habiles, et aussi les plus heureux marchent d'un pas plus rapide à la fortune; il est impossible de l'empêcher. La propriété n'aggrave pas les inégalités naturelles, on pourrait même facilement démontrer qu'elle est un moyen de rétablir l'égalité entre tous les hommes. C'est le droit de propriété qui a affranchi le faible de la loi du plus fort; il est la seule garantie de l'indépendance individuelle dans l'état de société. Il donne à tous la faculté de s'affranchir de la misère par le travail. D'ailleurs celui qui cultive le mieux, celui qui est le plus actif et le plus industrieux possède davantage; quel intérêt la société aurait-elle à l'en empêcher? Celui qui s'enrichit par le travail augmente la somme générale des produits, et il enrichit la société en s'enrichissant lui-même.

Pour reconnaître quelle heureuse influence le droit de propriété exerce sur la société, il suffit d'ouvrir les yeux. En comparant les peuples entr'eux, l'observateur le moins attentif peut se convaincre que leur civilisation et leur prospérité sont en raison directe de l'extension qu'ils ont donnée à ce droit et des garanties qu'ils lui accordent. Partout où le droit de propriété immobilière n'est pas encore constitué, chez les peuples nomades, tels que les arabes et les tribus indiennes de l'Amérique du Nord, règnent la misère et l'ignorance. Ces peuples sont encore aujourd'hui ce qu'ils étaient il y a deux mille ans; ils sont restés stationnaires et barbares.

Dans la Turquie, dans la Perse, dans l'Inde, où le droit de propriété ne jouit pas d'une sécurité complète, où l'on peut dire que le propriétaire n'est qu'un usufruitier, la civilisation s'est arrêtée. Le sol semble frappé de stérilité. Les contrées de l'Asie et de l'Afrique, qui étaient autrefois le grenier d'abondance des Romains, sont devenues des déserts incultes.

L'Europe, au contraire, et les colonies qu'elle a peuplées et qu'elle anime de son soufle, l'Europe, où la propriété est sacrée, où l'hérédité est assurée, semble avoir le monopole des richesses, du progrès, des lumières; elle concentre sur son sol, relativement ingrat, la puissance et le génie de l'humanité tout entière.

La conséquence, le complément indispensable du droit de propriété, c'est le droit absolu de disposer de la propriété acquise. De ce droit dérivent : le droit de la vendre, de la louer, de la transmettre par donation ou par testament, et le droit d'hérédité. Ici se multiplient les objections, et les attaques deviennent encore plus vives.

Que l'homme jouisse des fruits de son travail, dit-on, nous l'admettons volontiers. Mais que les fruits du travail puissent se transmettre à un autre qui n'a rien fait pour les obtenir; que cet autre en jouisse dans l'oisiveté et les vices qu'engendrent cette oisiveté, cela est contraire à la plus simple justice, cela est en contradiction complète avec votre théorie du travail, créateur de la propriété.

Si l'on admet le droit, il faut bien admettre aussi ses conséquences nécessaires. « Si vous m'accordez que la propriété » est un droit fondé en justice dans la personne de celui qui » crée les produits, disait M. Pellat à la société de l'éco- » nomie politique, dont il est membre (Voir *journal des* » *Economistes,* 2e série, t. V, 1855, p. 147), vous m'ac- » cordez par cela même que les transmissions de propriété » sont légitimes. En effet, si j'ai un droit de propriété sur la » chose que j'ai fabriquée ou modifiée, je dois pouvoir en » user comme il me convient, et par conséquent en dispo- » ser pour me procurer d'autres choses dont j'ai besoin : » voilà le droit de l'acquéreur, par voie d'échange, reconnu » comme aussi fondé en justice que celui du fabricant. » Maintenant il faudra bien aussi reconnaître que mon droit » individuel de propriété ne serait pas encore complet, si je » ne pouvais pas en disposer, soit de mon vivant, soit à ma

» mort, en faveur de ceux que j'aime, de mes enfants, par
» exemple. Et quand je meurs sans en avoir disposé, en
» quoi la justice sera-t-elle blessée, si la loi, réparant mon
» oubli, dispose de mon bien au profit des personnes aux-
» quelles probablement je l'aurais moi-même donné, dans
» le cas où j'aurais pensé à faire mes dernières dispositions? »
Ces arguments sont sans réplique.

A moins de soutenir que chaque homme doit produire tout ce qui est nécessaire à ses besoins, on ne peut contester que le cultivateur a le droit d'échanger son blé contre le vin du vigneron, contre tous les produits fabriqués par l'industriel, et réciproquement. La vente n'est que l'échange simplifié. Mais ce qui est vrai pour les produits l'est aussi pour le sol. Ainsi que nous l'avons déjà dit, lorsqu'une maison a été construite, lorsque le sol a été défriché et cultivé, il s'est ajouté à la terre une valeur qui lui est étrangère. Cette valeur est tout entière le fruit du travail; elle s'est si intimement incorporée au sol, qu'on ne peut s'en séparer; elle appartient à celui qui l'a créée : si c'est un champ, lui refusera-t-on le droit de l'échanger contre la vigne de son voisin, contre la maison qu'il ne peut construire lui-même, contre des vêtements, des marchandises qu'il ne peut se fabriquer? Qu'y aura-t-il d'échangé en réalité? Le fruit d'un travail contre le fruit d'un autre travail. Le numéraire lui-même, le prix de la vente que représente-t-il? le produit accumulé et économisé du travail. Le droit d'échange et de vente est dans l'intérêt de tous. En multipliant les matières d'exploitation et de travail, il donne à chacun la faculté de se livrer au travail pour lequel il a le plus d'aptitude.

En stimulant la production, il augmente la masse des produits et il en fait baisser les prix. Il devient ainsi la source de la richesse, de l'aisance et du bien-être général. Le droit de louer la propriété acquise n'est qu'une conséquence du droit de vente. Au lieu de transporter à l'acquéreur la totalité de ses droits sur la chose, le vendeur lui cède seulement le droit de s'en servir pendant un certain temps.

Le prix de la location est aussi légitime que le salaire de l'ouvrier, que le prix de la vente. En louant une maison ou une terre en culture, le locataire s'approprie le produit de travaux antérieurs, dont la location ne représente qu'une partie de la valeur proportionnée à l'utilité qu'il en tire. Le droit de location met à la portée de tous le sol qu'ils ne pourraient acheter, les choses dont ils n'ont qu'un besoin momentané. Le contrat de louage ne rend pas moins de services à la société que le contrat de vente.

Si le propriétaire a le droit d'échanger, de vendre et de louer sa propriété, à plus forte raison a-t-il le droit d'en disposer gratuitement. Contester ce droit, c'est contester à l'homme le droit de secourir ses semblables, d'être leur bienfaiteur ; c'est lui enlever sa plus belle prérogative, c'est s'opposer à l'expansion de ce sentiment naturel qui le porte à compatir aux souffrances des autres hommes et à contribuer à leur bonheur, sentiment auquel par excellence on a donné le nom d'humanité.

Le droit de tester n'est qu'une conséquence du droit naturel de disposer gratuitement de ses biens. Le droit d'hérédité prend sa source dans un autre ordre d'idées ; il se lie intimement à la constitution de la famille, aux droits et aux devoirs naturels qui en dérivent. Un grand nombre d'auteurs ont considéré ces deux droits comme une création du droit civil ; mais c'est une erreur qu'il importe de combattre, car tout ce qui touche au droit de propriété touche aux fondements de l'ordre social, et toute erreur peut devenir un danger.

Le droit de tester et le droit d'hérédité émanent du droit naturel, le droit civil n'a fait qu'en régler la forme et les effets : « Mais, dit-on, il n'y a de propriété que dans la pos-
» session qui finit avec la vie, comment comprendrait-on
» que l'homme peut disposer pour le temps où il n'existera

» plus? Quand un homme meurt, sa place devient vacante,
» et un autre homme le remplace, comme le flot prend la
» place du flot qui vient expirer sur la plage. »

Nous l'avons déjà fait remarquer, on peut invoquer le droit d'occupation pour justifier et expliquer l'origine du droit de propriété ; mais, lorsque ce droit est acquis, il ne consiste pas seulement dans l'occupation. Nous avons vu dans le travail de l'appropriation la chose occupée se transformer, acquérir une valeur qu'elle n'aurait jamais eue abandonnée à elle-même. Toute fortune acquise est une véritable création qui appartient exclusivement à son auteur. S'il l'anéantissait au moment où il va quitter la vie, en ne laissant que sa place au soleil, personne n'aurait le droit de s'en plaindre; s'il peut l'anéantir sans nuire à personne, comment nierait-on qu'il puisse la donner pour en jouir quand il n'existera plus? « Celui qui dispose à cause de » mort, dispose pendant sa vie et dans un temps où il est » propriétaire, » disait M. Portalis dans la discussion du Code civil au Conseil d'état; qu'il ne se déssaisisse pas actuellement, qu'importe; pourvu que personne n'ait aucun droit acquis sur ce qu'il donne, il agit dans la plénitude du droit de propriété, ainsi que l'a fait remarquer Grotius; le nier, c'est réduire le droit de propriété à un simple droit d'usufruit.

Il n'est pas vrai que l'homme ne soit qu'un flot succédant à un autre flot sur le rivage; il n'a pas été créé pour vivre seul. Il a une compagne, il a des enfants, il a une famille. Il ne travaille pas, il n'acquiert pas pour lui seul. Il a des devoirs à remplir, devoirs qui lui survivent. La famille elle-même, qui a joui en commun avec lui de la propriété, a déjà vis-à-vis de tous un droit acquis par l'occupation et souvent par le travail. Le droit d'hérédité ne fait que ce que fait la nature elle-même, qui perpétue l'homme par sa famille.

« Croit-on, » dit M. Troplong, « qu'il suffise à la tendresse » paternelle de procurer à l'enfance les soins dont elle ne

» saurait se passer? La nature ne lui impose-t-elle pas le » devoir de prolonger ses bienfaits, d'être la Providence » des descendants, et d'assurer leur avenir? Tous les sacri- » fices faits par les pères, pour leurs enfants, seraient » incomplets si la succession paternelle n'en était le cou- » ronnement.

» Quoi! l'enfant hérite des défauts de son père, de ses » imperfections, de ses maladies, et il ne pourrait hériter » des avantages de sa fortune? Le père, qui lui transmet » son sang et les traits de son visage, ne pourrait pas lui » transmettre son bien! Il y a généalogie dans les affections, » dans les ressemblances, dans les noms physiques, et le » cours de la nature serait interrompu dans les patrimoines » formés, accrus ou conservés par les efforts de la person- » nalité humaine? L'homme plante des arbres pour un » autre âge, et vous croyez qu'il aura travaillé à acquérir » pour que tout périsse avec lui? Quel est donc l'esprit » frivole qui ne regarde pas l'avenir? Quel citoyen, en fon- » dant une famille, n'a pas l'idée de se survivre en elle? Qui » ne pense à l'immortalité de l'âme, et à cette immortalité » terrestre qui consiste dans la durée de la famille? »

En écrivant ces mots : *La loi naturelle ordonne aux parents de nourrir leurs enfants, mais elle ne les oblige pas de les faire héritiers,* Montesquieu a méconnu les devoirs que la paternité impose; il a méconnu les sentiments gravés si profondément par la nature au fond du cœur de tous les hommes. Le désir d'assurer à sa famille, à ses enfants, les moyens de subvenir à leurs besoins lorsqu'on ne sera plus là pour y pourvoir soi-même, est un des plus naturels; c'est aussi un des plus énergiques. Si l'on essayait de supprimer l'hérédité, sa puissance se révèlerait bientôt dans la résistance que l'on rencontrerait dans toutes les classes, à tous les degrés de l'échelle sociale.

On a feint de craindre que l'hérédité n'engendrât l'oisiveté; nous laissons répondre M. Thiers : « Si l'hérédité

» était abolie, l'homme, » dit-il, « n'ayant que lui-même
» pour but, s'arrêterait au milieu de sa carrière, dès qu'il
» aurait acquis le pain de sa vieillesse; et, de peur de pro-
» duire l'oisiveté du fils, vous auriez commencé par ordon-
» ner l'oisiveté du père. Mais est-il vrai, d'ailleurs, qu'en
» permettant la transmission héréditaire des biens, le fils
» soit forcément un oisif dévorant dans la paresse et la
» débauche la fortune que son père lui léguera? Première-
» ment, le bien dont vivra l'oisiveté supposée de ce fils,
» que représente-t-il après tout? un travail antérieur, qui
» aura été celui du père, et, en empêchant le père de tra-
» vailler pour obliger le fils à travailler lui-même, tout ce
» que vous gagnerez, c'est que le fils devra faire ce que
» n'aura pas fait le père. Il n'y aura pas eu un travail de
» plus. Dans le système de l'hérédité, au contraire, au tra-
» vail limité du père se joint le travail illimité du fils; car
» il n'est pas vrai que le fils s'arrête parce que le père lui a
» légué une portion plus ou moins considérable de biens.
» D'abord, il est rare qu'un père lègue à son fils le moyen
» de ne rien faire. Ce n'est que dans le cas de l'extrême
» richesse qu'il en est ainsi. Mais, ordinairement, dans la
» plupart des professions, ce n'est qu'un point de départ
» plus avancé dans la carrière, que le père ménage à son fils
» en lui léguant son héritage. Il l'a poussé plus loin, plus
» haut; il lui a donné de quoi travailler avec de plus grands
» moyens, d'être fermier quand lui n'a été que valet de
» ferme; ou d'équiper dix vaisseaux quand lui n'en pouvait
» équiper qu'un; d'être banquier quand lui ne fut que petit
» escompteur; ou bien de changer de carrière, de s'élever
» de l'une à l'autre, de devenir notaire, médecin, avocat;
» d'être Cicéron ou Pitt, quand il ne fut lui-même que
» simple chevalier comme le père de Cicéron, ou cornette
» de régiment, comme le père de M. Pitt..... »

Dans le système de l'interdiction de l'hérédité, le père se serait arrêté, et le fils également; chaque génération, bornée dans sa fécondité, n'aurait donné qu'une partie de ce qu'elle avait en elle, et se serait interrompue au quart, à la moitié du travail dont elle était capable. Dans le système de l'hérédité des biens, au contraire, le père travaille tant qu'il le peut, jusqu'au dernier jour de sa vie; le fils, qui était son unique préoccupation, les yeux fixés à son tour sur ses enfants, travaille pour eux comme on a travaillé pour lui, ne s'arrête pas plus que ne s'est arrêté son père, et tous, penchés vers l'avenir, comme un ouvrier sur une meule, font tourner, tourner sans cesse cette meule d'où s'échappent le bien-être de leurs petits enfants, et non-seulement la prospérité des familles, mais celle du genre humain!

Le droit de propriété, droit naturel et primordial, est un de ceux que l'homme a exercés partout, dans tous les temps et chez tous les peuples. Mais ses effets ont varié suivant le génie des nations, leur constitution particulière et leurs institutions politiques. Si, avant de rechercher comment le droit a été compris et réglé par nos lois civiles, nous jetons un coup-d'œil rapide sur son histoire, nous verrons que ses vrais principes n'ont pas toujours été respectés, que sa véritable nature a été souvent méconnue, même aux époques où la civilisation brillait d'un assez vif éclat.

Chez les anciens peuples, tels que les Assyriens et dans les royaumes de Syrie où le souverain avait un pouvoir absolu, le roi avait le domaine de la terre. Les sujets n'étaient que de simples concessionnaires à temps payant une redevance. On ne considérait les domaines patrimoniaux que comme un usufruit laissé par la volonté du souverain. (M. de Pastoret, ***Hist**. de la législ.*, t. I, p. 111, 339.)

Les mêmes principes régissent encore aujourd'hui la propriété en Orient. « En Orient, » dit M. Troplong (*de la propriété d'après le Code civil,* chap. 13.), « en Orient, où » l'individu est absorbé dans la famille, la famille dans » l'Etat, l'Etat dans le prince, où une inflexible unité en» chaîne le mouvement libre de la personnalité humaine;

» en Orient, il n'y a qu'un propriétaire, parce qu'il n'y a
» qu'un être libre, à savoir, l'Etat ou le prince. L'Etat a
» le domaine éminent de la terre ; l'homme ne fait que la
» posséder en vertu d'une concession. »

« Dans l'Inde, » dit M. Niebuhr (*Histoire romaine*, t. III, p. 181, trad. franç.), « le souverain est seul propriétaire du
» sol. Il peut, quand il lui plaît, reprendre le champ que
» cultive le ryot. »

L'Égypte, où dominait une monarchie théocratique, était divisée en trois castes : les prêtres, les guerriers, le peuple.

Suivant Strabon, les terres étaient partagées entre ces trois castes. Mais Diodore de Sicile, d'accord avec Strabon, en ce qui concerne les prêtres et les guerriers, en diffère quant à la part dévolue au peuple, et il semble l'attribuer au roi. M. de Pastoret (*Hist. de la législ.*, t. II, p. 106) a prétendu concilier ces deux opinions en distinguant les époques. Suivant lui, pendant la famine qui désola l'Égypte sous l'administration de Joseph, les laboureurs, dans le but d'obtenir des subsistances pour eux et leurs familles, donnèrent leurs terres au roi, qui les leur rendit pour les cultiver moyennant une redevance annuelle.

M. Giraud croit qu'il en résulta un droit de propriété privée ; M. Troplong y voit un colonage héréditaire. Ce qui est certain, c'est que l'hérédité en Égypte s'étendait même aux professions ; elles se transmettaient de père en fils, et l'on ne pouvait en changer. (Bossuet, *Hist. univ.*)

Chez les Hébreux, la propriété immobilière dut son origine au partage qui fut fait entre les diverses tribus après l'invasion de la terre promise. Ce partage s'opéra successivement, suivant les progrès de la conquête. Le sort y présidait.

Le trait le plus saillant des lois de Moïse sur la propriété était que *chaque famille devait conserver à perpétuité* la portion qui lui avait, dans le principe, été concédée. Ce n'est pas que l'aliénation ne fût permise ; mais le vendeur avait toujours le droit de racheter. S'il ne rachetait pas, la vente n'était encore que *temporaire;* tous les *cinquante* ans, les aliénations faites dans le courant de cette période étaient révoquées de plein droit, et les propriétés *faisaient retour* à leur ancien maître ou à ses héritiers. Il y avait cependant une exception pour les maisons bâties dans les villes, dont la vente devenait définitive lorsqu'elles n'avaient pas été rachetées dans l'année. (Lév. chap. 25, vers. 29, 30.) Ainsi, les ventes n'étaient à proprement parler que des *cessions d'usufruit* et de *jouissance.* C'était, fait observer M. de Pastoret (t. 4, p. 445), un moyen de prévenir, autant que possible, l'inégalité. Cette cinquantième année se nommait année *jubilaire.* Outre l'année jubilaire, il y avait l'année *sabbatique,* qui revenait tous les sept ans, et, pendant leur durée, il était défendu, sous peine du fouet, de semer, de planter, de cultiver. Les fruits que la terre produisait d'elle-même servaient seulement à nourrir le propriétaire, ses domestiques, ses bêtes de somme, ses troupeaux : il était défendu de les vendre, à moins que le prix n'en fût indispensable à la subsistance du vendeur. Toutes ces prescriptions s'expliquent par le régime théocratique absolu auquel étaient soumis les Juifs. « La terre m'appartient, avait dit Dieu par » la voix de Moïse ; vous y êtes comme des étrangers à qui » je permets de la cultiver. » (Lév., chap. 25, vers. 23.)

L'occupation était chez les Hébreux un moyen d'acquérir la propriété. Ainsi, lorsqu'un champ, un pré n'avaient pas de maître, ils appartenaient à celui qui s'en emparait le premier. Il en était de même des choses délaissées. Quant aux objets perdus, on distinguait, selon qu'ils appartenaient à un israéliste ou à un étranger. Dans le premier cas, ils devaient être restitués ; dans le second cas, il paraît qu'il en était autrement. (M. de Pastoret, t. IV, p. 464.) Les propriétés étaient bornées, et le respect des bornes était une des prescriptions les plus importantes de la loi mosaïque.

La Grèce, dont la civilisation a jeté tant d'éclat, paraît avoir emprunté à l'Orient ses principes sur le droit de propriété ; seulement, au lieu d'être attribué au souverain, le domaine éminent était attribué à l'État. A Sparte, Lycurgue procéda sans difficulté au partage des biens. Plutarque nous apprend qu'il fit neuf mille parts du territoire de Sparte, et qu'il les distribua aux habitants de cette cité ; qu'ensuite il fit trente mille parts du reste des terres, et les distribua aux habitants de la Laconie. Afin que l'*égalité* des richesses qui résultait de ce partage fût maintenue, il avait interdit l'aliénation ; chaque citoyen devait conserver toute sa vie, et, à sa mort, transmettre à son fils l'héritage que lui-même avait reçu de son père. Cet état de choses ne devait pas durer : un législateur est impuissant à fonder des lois contraires à la nature. A Sparte, les mœurs se corrompirent après la guerre du Péloponèse ; les lois de Lycurgue furent abrogées ; le droit de disposer de ses biens par donation et par testament fut rétabli ; l'inégalité succéda rapidement au régime impossible qu'elles avaient prétendu fonder. Agis et Cléomène essayèrent plus tard de remettre en vigueur les institutions antiques ; ils voulurent procéder à un nouveau partage des biens : ils échouèrent, et cette entreprise leur coûta la vie.

A Athènes, le droit de propriété n'a jamais subi des atteintes aussi graves qu'à Sparte. On pouvait aliéner ses biens ; l'hérédité était admise en ligne directe et en ligne collatérale, mais les filles en étaient exclues. Dès qu'il y avait des enfants mâles, le propriétaire ne pouvait plus disposer de ses biens. Le droit de tester ne pouvait s'exercer qu'au préjudice des collatéraux. Les étrangers ne pouvaient recueillir aucune succession.

Toutefois, à Athènes, comme dans les autres républiques grecques, dominait l'idée que l'État a sur les biens des citoyens un droit supérieur à celui des propriétaires eux-mêmes. Cette idée se trouve exprimée en divers passages du livre des *Lois de Platon*. Ainsi, on lit notamment au livre 5 (trad. de M. Cousin, p. 283) : « Que nos citoyens partagent

» entre eux la terre et les habitations, et qu'ils ne labourent
» point en commun, puisque ce serait demander trop à des
» hommes nés, nourris et élevés comme ils le sont aujour-
» d'hui ; mais que, dans le partage, chacun se persuade que
» la portion qui lui est échue n'est pas moins à l'Etat qu'à
» lui. » On lit encore dans le même ouvrage, au livre II, (trad. de M. Cousin, p. 302) : « Je vous déclare, en ma
» qualité de législateur, que je ne vous regarde pas ni vous
» ni vos biens comme étant à vous-mêmes, mais comme
» appartenant à toute votre famille, et toute votre famille
» avec ses biens comme appartenant encore plus à l'État. » Aristote lui-même, ce grand esprit d'une pénétration si rare, bien qu'il attribuât à la propriété plus d'importance que Platon, ne s'était cependant pas affranchi de l'erreur commune. On peut voir, en lisant sa *Politique*, qu'il exagérait beaucoup le pouvoir de l'État sur la propriété. M. Troplong (*de la propriété d'après le Code civ.*) fait judicieusement remarquer que les législateurs grecs semblent considérer la propriété comme un embarras, et que la fausse théorie dont on était imbu à cet égard fut la cause de la plupart des révolutions dont les sociétés de la Grèce furent agitées. « Et,
» en effet, » dit-il, « parce que l'on était imbu de ce préjugé
» dangereux que l'État était chargé de présider à la réparti-
» tion des richesses entre les citoyens, on le rendait respon-
» sable de l'inégalité des fortunes, qui pourtant n'est que la
» condition nécessaire de l'inégalité d'activité et de talent;
» et on exigeait du législateur, sous peine d'agitation ou de
» révolution, qu'il arrivât par ses règlements à l'égalité des
» biens. De là, pour le législateur, l'obligation d'avoir un
» système particulier, une panacée légale, pour prévenir
» cette inégalité des richesses, occasion de tant de troubles.
» Qu'on lise la politique d'Aristote, et l'on verra la jalousie
» des états grecs se consumer en efforts perpétuels pour
» maintenir des proportions égales dans la possession du sol
» et des biens; efforts qui consistent bien plus à appauvrir

» le riche qu'à enrichir le pauvre. Mais on voit aussi l'im-
» puissance de ces tentatives de nivellement, et les révolu-
» tions naissent tour à tour de l'envie des pauvres d'avoir
» autant que les riches, et de l'irritation des hommes supé-
» rieurs en activité, en industrie, en talent, de n'avoir que
» la part commune. »

Platon, exagérant encore les idées grecques sur la propriété, est allé jusqu'à proclamer l'égalité absolue dans la jouissance des biens de la terre, comme la perfection de l'humanité ! Il est juste d'ajouter que, dans le livre des lois, il déclare lui-même que son système n'est qu'*une chimère*, et que l'application en est impossible, vu la faiblesse et les préjugés invincibles de la nature humaine. Mais il n'en est pas moins vrai qu'il manifeste une vive prédilection pour la république par lui rêvée, et qu'il proteste en sa faveur tout en la sacrifiant. Entraîné par ces conséquences logiques d'une idée fausse, Platon a été amené à compléter la communauté des biens par la communauté des femmes et des enfants. Il voulait retrancher du commerce de la vie jusqu'au nom de propriété. (Lois, liv. 5, trad. de M. Cousin, p. 283.) Il ne se dissimulait pas que sa communauté n'était autre chose que la suppression de la liberté dans les affections, de la liberté dans le travail, et qu'elle conduisait à la domination absolue de l'État. Mais le philosophe grec ne s'effrayait point de ce résultat ; il ne cachait pas qu'il visait à donner à l'État la suprême direction de toutes choses, ce qu'il trouvait préférable à la liberté. La communauté de Platon n'a été considérée par les Grecs que comme un jeu de l'esprit, et il ne leur est jamais venu à la pensée d'essayer de la mettre en pratique.

Il a suffi à Aristote de quelques mots pour démontrer tout le néant de la théorie de Platon : « L'homme, » dit-il, « a deux
» mobiles de sollicitude et d'amour : ce sont la propriété et
» les affections. Or, il n'y a place ni pour l'un ni pour

» l'autre de ces sentiments dans la république de Platon. » (*Politique*, t. I, p. 99 et 101.)

Abordons maintenant le monde Romain.

A Rome, nous trouvons un partage à l'origine de la propriété immobilière. Romulus avait fait trois parts des terres par lui conquises : une pour le culte, une autre pour l'Etat, la troisième pour ses compagnons d'armes. — Cette dernière attribution ne fut pas d'abord individuelle : Romulus avait divisé le peuple en trois tribus, et chaque tribu en dix curies; la troisième portion du sol fut partagée également entre les curies. Dans chaque curie, la propriété était collective. Ce fut Numa qui, le premier, fit le partage entre les individus. Les terres assignées aux citoyens furent limitées avec certaines cérémonies qui avaient pour but de donner à la propriété privée la consécration religieuse. Déplacer les bornes d'un champ voisin était un crime capital. La propriété, ainsi composée et limitée, formait ce qu'on appelait le *dominium ex jure quiritium*, le domaine quiritaire. Elle n'était accessible qu'aux citoyens romains ou à ceux qui avaient obtenu le *commercium*. (Ulp., tit. 19, fr. 5.) Bien qu'elle tirât son origine d'un partage, jamais elle ne fut remise en question. Jamais, à Rome, on ne toucha au domaine d'un citoyen (v. M. Troplong, *de la prop. d'ap. le Cod. civ.*, ch. 18).

La portion du sol réservée à l'Etat formait ce qu'on appelait l'*ager publicus*. La république, généralement, en concédait la jouissance aux citoyens, sous la condition d'une redevance. Cette jouissance se nommait possession (*possessio*), par opposition à la propriété proprement dite (*dominium*). En droit et vis-à-vis de l'État, les *possessiones* étaient précaires et révocables; mais vis-à-vis des tiers, elles étaient protégées par le préteur. Grâce à cette protection, elles formaient une propriété ayant un caractère spécial, transmissible, comme le domaine quiritaire, par vente, donation, succession, etc.

Mais grande était la différence dans les formes à employer pour la transmission du domaine quiritaire, ou pour la transmission des simples possessions. Dans le premier cas, il fallait recourir aux solennités de la *mancipatio* ou de l'*in jure cessio;* dans le second cas, la tradition suffisait. Le droit romain reconnaissait donc, en quelque sorte, deux espèces de propriétés : la propriété civile ou quiritaire, et la propriété prétorienne ou naturelle. Avec le temps, la propriété prétorienne finit par se substituer à la propriété quiritaire : il arrivait quelquefois qu'une chose qui, d'après les principes rigoureux, n'eût pu être aliénée que dans la forme quiritaire, était l'objet d'une simple tradition; alors le domaine quiritaire n'était pas transmis, mais le préteur venait en aide ; il protégeait la possession de l'acquéreur soit contre le propriétaire, par l'exception *rei venditæ et traditæ* (L. 1, 2 et 3, *De except. rei vend. et trad.*), ou par l'exception de dol; soit contre les tiers, par l'action publicienne. (Gaius, *Comm.*, § 36.) L'usucapion venait ensuite convertir en domaine quiritaire le droit, imparfait d'abord, du simple possesseur.

J'ai dit qu'en droit les concessions de l'*ager publicus* pouvaient toujours être révoquées par l'État : ce droit ne fut jamais contesté; mais en fait, la révocation n'était pas facile. « Cette longue possession, à l'ombre de laquelle » s'étaient formés tant d'intérêts, » dit M. Laboulaye (*Hist. de la propr. fonc. en Occident*, p. 74), « avait aussi sa » légitimité. Cette terre, les possesseurs l'avaient fécondée » par de longs travaux, enrichie par des plantations, em- » bellie par des édifices. Là étaient les tombes de leurs » aïeux. C'était l'héritage paternel, la dot des femmes, » celle des enfants, le gage des créanciers. Que de titres! » Aussi, par la force des choses, et tout en gardant son » nom, la possession se transforma en véritable propriété. » C'est l'histoire constante des longues tenures. »

Cependant, les patriciens s'étaient attribué la jouissance

exclusive de l'*ager publicus*. Ces vastes territoires, que le peuple avait achetés de son sang, étaient devenus leur proie. C'était là une véritable usurpation; usurpation qui réduisait la plèbe à l'indigence, et contre laquelle elle devait un jour s'insurger. La lutte fut longue et opiniâtre : enfin, les plébéiens triomphèrent. Les lois de Licinius Stolon les admirent au partage de l'*ager publicus*, et supprimèrent momentanément l'inique privilége que s'était arrogé le patriciat. Dès lors, la République entre dans une période de gloire et de prospérité : la population se développe rapidement; par suite, de nombreuses armées peuvent se former; Rome marche de victoires en victoires, de conquêtes en conquêtes. Mais ces succès eux-mêmes préparaient de nouvelles luttes intestines. Les principaux citoyens, dont la fortune s'était démesurément accrue des dépouilles des vaincus, s'attribuèrent exclusivement les terres conquises. En même temps, par achat ou par violence, ils s'approprièrent les domaines de leurs voisins plus pauvres. A mesure que la fortune des uns s'augmentait, la misère du plus grand nombre s'aggravait. Les maux que les lois de Licinius Stolon avaient eu pour but de guérir reparaissaient plus hideux et plus menaçants que jamais. La dépopulation fit des progrès. « Alors, » dit Plutarque (vie de Tibérius Gracchus, § 8), « les pauvres, » dépouillés de leurs possessions, ne montrèrent plus d'em- » pressement pour faire le service militaire, et ne dési- » rèrent plus d'élever des enfants. Ainsi, l'Italie allait bien- » tôt être dépouillée d'habitants libres et remplie d'esclaves » barbares, que les riches employaient à la culture des » terres, pour remplacer les citoyens qu'ils en avaient » chassés. »

Tout était donc à recommencer : les digues élevées par Stolon avaient été emportées. Tibérius Gracchus entreprit d'en élever de nouvelles. Il proposa les fameuses *lois agraires*. Aux termes de ces lois, qu'il avait rédigées de concert avec les citoyens les plus distingués par leurs lumières et leurs vertus, et notamment avec l'illustre jurisconsulte Mucius Scévola (v. Plut., *Vie de Tib. Gracchus*, § 19), nul ne pouvait posséder plus de cinq cents *jugera* de l'*ager publicus;* ce n'était pas une innovation; il ne faisait que remettre en vigueur une disposition antérieure, d'abord éludée, puis ouvertement foulée aux pieds; ceux donc qui en détenaient une plus grande quantité devaient abandonner le surplus pour être partagé entre les citoyens pauvres, à la charge des redevances ordinaires. Les détenteurs à qui cet abandon était imposé devaient en être indemnisés (v. Plutarque, *loc. cit.*). Telles étaient ces lois agraires tant calomniées! Elles étaient justes : elles ne portaient aucune atteinte au principe de la propriété; elles ne touchaient d'ailleurs point au domaine quiritaire, qui, à Rome, était la véritable propriété; elles tendaient uniquement à réparer une longue injustice; elles avaient pour objet de faire cesser une usurpation aussi contraire aux lois que funeste à la République; elles auraient créé cette classe moyenne, force des États, source de grandeur, trait-d'union nécessaire entre l'extrême richesse et l'extrême indigence. Elles auraient pu empêcher la ruine de Rome et la chute de la République. Malheureusement, la voix des Gracques ne fut point écoutée. Les lois agraires furent votées, il est vrai, mais restèrent sans exécution : Tibérius, d'abord, puis, quelques années après, Caius Gracchus, son frère, périrent victimes des haines qu'ils avaient soulevées. Dès lors, le mal devint incurable. Les prolétaires, qui formaient la presque totalité du peuple romain, furent comme une milice toujours prête pour les désordres et les guerres civiles. Ces malheureux accoururent, tour à tour, à l'appel de tous les ambitieux; ils combattirent sous les drapeaux des Marius, des Sylla, des César, des Antoine, des Octave. Pour prix de leur concours, ces chefs de parti leur firent d'abondantes distributions de terres; l'*ager publicus* disparut presque tout entier (v. M. Ed. Laboulaye, p. 86). En effet, à la différence des simples concessions de jouissance, dont il a été parlé ci-dessus, qui, en droit, ne conféraient qu'une possession précaire, ces distributions étaient de véritables assignations de propriété, qui changeaient la nature de l'*ager publicus* et le convertissaient en domaine quiritaire. Enfin, les priviléges du domaine quiritaire furent étendus à toute l'Italie, et il n'y eut plus dans le monde romain que deux sortes de propriété : la propriété italienne (*dominium*) et la propriété provinciale (*possessiones*).

Cette propriété *provinciale* présentait une grande analogie avec les possessions de l'*ager publicus* dont nous avons parlé. — Quand Rome faisait une conquête nouvelle, une partie du sol conquis était vendue ou affermée par les censeurs au profit de la République; une autre partie était laissée aux anciens possesseurs moyennant impôt. L'Etat conservait le domaine éminent du sol ainsi affermé ou imposé; ceux qui en jouissaient n'en étaient considérés que comme de simples possesseurs. « *In eo solo*, dit Gaius (*comm.* 2, » § 7), *dominium populi romani est vel Cæsaris, nos autem* » *possessionem tantùm et usumfructum habere videmur.* » Ce sol ne pouvait ni être consacré, ni être aliéné *jure quiritium*, c'est-à-dire par le *mancipatio* ou l'*in jure cessio*, ni être usucapé; on pouvait toutefois en disposer et même le prescrire utilement : le gouverneur, qui dans les provinces faisait fonction de préteur, interposait son autorité pour maintenir à ces actes les effets que le droit quiritaire n'avait pu leur donner (v. Gaius, *comm.* 2, § 46; Ulp. tit. 19, fr. 1). Telle était la condition de la propriété dans les provinces, à moins que, par un privilège exceptionnel, elles n'eussent obtenu le *jus italicum*.

Lorsque l'empereur Caracalla, dans un but de fiscalité, étendit les droits de cité à toutes les provinces de l'empire, cette révolution n'atteignit que les personnes : la condition des terres resta la même. C'est que le sol italien était exempt de l'*impôt foncier*, tandis que celui des provinces y était soumis, comme nous l'avons vu, et que l'assimilation de l'un à l'autre eût privé le trésor d'un important revenu. La distinction entre le domaine quiritaire et les possessions provinciales continua donc de subsister. Mais, au temps de Justinien, cette distinction n'avait plus de sens : aussi, cet empereur en prononça-t-il l'abolition (L. un., cord. *De nudo jure quiritium tollendo*). Il n'y eut plus, dès-lors, qu'une seule espèce de propriété, et, par suite, les antiques distinctions entre les modes de transmission du domaine *quiritaire* et du domaine *utile*, entre les actions *judiciaires* qui protégeaient l'une et l'autre propriété, n'ayant plus de raison d'être, furent également abolies.

La Gaule était une province de l'empire; le droit romain y régnait. L'invasion des barbares au cinquième siècle ne fit d'abord qu'introduire dans la société ainsi constituée un élément nouveau, l'élément barbare. Les Bourguignons et les Visigoths qui s'établirent dans la partie méridionale y prirent la plus grande partie des terres à leur convenance, et laissèrent le reste aux anciens possesseurs. Quant aux Francs, il ne paraît pas qu'ils aient dépouillé les anciens détenteurs. « Il y avait sans doute dans les Gaules, » dit M. Laboulaye (*hist. de la prop. fonc.* en occident, p. 252), « plus de terres incultes ou domaniales qu'il n'en fallait » pour les satisfaire tous; c'est du moins ce qu'on peut » juger par ces domaines immenses attribués aux rois francs » comme terres du fisc. » Ainsi, dans la Gaule, à côté de la population romaine, il y eut la population barbare; à côté de la propriété romaine, la propriété barbare, chacune régie par la loi qui lui était propre.

Mais ces éléments divers ne pouvaient ainsi co-exister sur le même sol sans s'unir et s'amalgamer en quelque sorte. Pendant les cinq siècles qui suivirent, au milieu d'une confusion et à travers des vicissitudes qu'il n'entre pas dans notre sujet de décrire, un nouvel ordre social se forma peu à peu : le résultat de cette lente élaboration, ce fut la *féoda-*

lité. Cette révolution affecta profondément la propriété. Dans le régime féodal, la condition des personnes est subordonnée à celle de la terre ; la propriété et la souveraineté se trouvent confondues. Le seigneur est propriétaire originaire de tous les biens situés dans le ressort de sa souveraineté. Il est censé ne les avoir concédés à ceux qui en jouissent que sous la réserve d'un droit éminent appelé *direct*, qui doit se manifester à chaque mutation. De là il résulte que toute personne qui meurt se dessaisit pour ainsi dire de ses biens entre les mains de son seigneur, à qui ils retournent comme au maître primitif. Ce dernier les rend aux héritiers du défunt et leur accorde comme un nouveau don, mais à la charge par eux de faire hommage et de payer le relief, s'il s'agit d'un fief, ou de payer les droits de saisine, s'il s'agit d'héritages de roture. Chaque aliénation entre-vifs fait remonter la chose vers le seigneur comme source de propriété. — C'est donc lui qui donne l'investiture ; et, là encore, le fisc seigneurial s'empressait d'arriver, et percevait le droit de rachat et de lods et ventes, ne cessant de montrer, ainsi que la propriété, à chacune de ses mutations, devait acheter son affranchissement momentané d'un lien imprescriptible.

Nous ne nous proposons ici de retracer ni l'histoire, ni toutes les lois du régime féodal ; nous voulons seulement constater que, de toutes les organisations politiques connues, c'est ce régime qui fut le plus oppresseur. La propriété devait nécessairement exciter la haine des opprimés. « On peut » remonter, » dit M. Guizot (*Essai sur l'histoire de France*, p. 341), « le cours de notre histoire et s'y arrêter où l'on » voudra ; on trouvera partout le régime féodal considéré » par la masse de la population comme un ennemi qu'il » faut combattre et exterminer à tout prix. De tout temps » quiconque lui a porté un coup a été populaire en France. » On a vu les gouvernements les plus divers, les systèmes » les plus funestes, le despostime, la théocratie, le régime » des castes, acceptés, soutenus même de leurs sujets par

» l'empire des traditions, des habitudes, des croyances.
» Depuis sa naissance jusqu'à sa mort, aux jours de son
» éclat comme de sa décadence, le régime féodal n'a jamais
» été accepté par les peuples. Je défie qu'on me montre une
» époque où il paraisse enraciné dans les préjugés et proté-
» gé par les sentiments. »

La lutte de la royauté et du peuple contre la féodalité remplit toute notre histoire, depuis l'avènement de la troisième race jusqu'à la révolution de 1789, qui abolit les derniers vestiges du régime féodal, et proclama les principes d'égalité qui sont la base de nos institutions nouvelles. Les légistes furent dans cette lutte les auxiliaires opiniâtres et énergiques de la royauté. Pour la seconder, toutefois, ils contribuèrent à mettre en honneur des idées peu conformes à la véritable nature du droit de propriété, et qui devaient conduire à l'établissement du pouvoir absolu : c'est que le roi a le domaine direct universel de toutes les terres du royaume. En réalité, la royauté, en détruisant la féodalité, s'attribuait à elle-même les droits usurpés sous ce régime. Il y eut à la vérité quelques protestations. Ainsi, le chancelier Jean Juvénal des Ursins disait à Charles VII : « Quelque chose qu'aucuns
» disent de votre puissance ordinaire, vous ne pouvez pré-
» tendre le mien ; ce qui est *mien* n'est point *vôtre*. Peut
» bien être qu'en la justice vous êtes le souverain et va le
» ressort à vous. Vous avez votre domaine, et chaque par-
» ticulier a le sien. » (v. Loisel, Opusc., p. 400.) Et Loyzeau, un peu plus tard, dans son traité des seigneuries (ch. 3, n° 42), s'exprimait en termes analogues : « Les rois
» n'ont droit de prendre le bien d'autrui, parce que la puis-
» sance publique ne s'étend qu'au commandement et auto-
» rité, et non pas à entreprendre la seigneurie privée des
» biens des particuliers. » Mais les maximes contraires, celles qui exagéraient les droits de la royauté, prévalurent. Galland (*Traité du franc-alleu*) soutient que le roi est le seigneur *universel* de *toutes les terres* qui sont dans son

royaume; qu'elles doivent être présumées procéder de ses prédécesseurs « sinon en tant que la dispense en sera justi- » fiée au contenu. » Le même principe, posé dans le code Marillac (art. 383), sous Louis XIII, et dans un édit de Louis XIV, de 1692, fut formulé très-énergiquement dans l'instruction de ce prince au dauphin (*OEuvres de Louis XIV*, t. 2, p. 93). Voici, en effet, ce qu'on y lit : « Tout ce qui » se trouve dans l'étendue de nos États, de quelque nature » qu'il soit, *nous appartient* au même titre. Vous devez être » bien persuadé que les *rois* sont seigneurs *absolus*, et ont » naturellement la *disposition pleine et entière* de tous les » biens qui sont possédés, aussi bien par les *gens d'église* » que par les *séculiers*, pour en user en tout comme de sages » économes. »

Il est impossible de faire une déclaration plus nette et plus catégorique; ainsi, non-seulement le roi c'est l'État, mais c'est aussi, en tant qu'État, le propriétaire suprême des biens de ses sujets. — « Les confiscations, » dit M. Troplong, « pro- » noncées contre les religionnaires fugitifs à la suite de la » révocation de l'édit de Nantes, sont positivement issues » de cette théorie du domaine éminent de la société déposé » dans les mains du roi. — C'est un exemple du parti que » la raison d'État peut tirer du droit social !! »

Malheureusement d'illustres philosophes prêtèrent l'appui de leur autorité à ces doctrines funestes. Montesquieu dit formellement qu'à ses yeux la propriété est une émanation du droit civil et non du droit naturel : « Comme les » hommes, » dit-il au livre 26 de l'*Esprit des Lois*, « ont re- » noncé à leur indépendance naturelle pour vivre sous les » lois politiques, ils ont renoncé à la communauté naturelle » des biens pour vivre sous des lois civiles. Les premières » lois leur acquirent la liberté; les secondes, la proprié- » té. »

Cette opinion, qui est partagée par Blackstone, se rattache au système de J.-J. Rousseau sur l'état de nature, et elle a été soutenue, même de nos jours, par un célèbre commentateur du Code civil, M. Toullier.

L'école écossaise, à partir de Locke jusqu'à Reid, est la première qui ait donné une définition à peu près exacte du droit de propriété; mais les idées libérales et vraies sur la propriété ont été surtout restaurées et défendues énergiquement par les économistes physiocrates qui jouèrent, à la fin du dix-huitième siècle, un rôle si considérable. Ils posèrent avec fermeté la théorie de la liberté et du travail comme source de la propriété.

On en était là, lorsque s'écroula la monarchie absolue. La révolution de 89 venait d'éclater. On aurait pu croire que les théories libérales des physiocrates et de Locke allaient triompher sans effort. Mais les esprits s'étaient faussés par la lecture assidue de Mably et de Rousseau. — Du haut de la tribune de l'Assemblée constituante, Mirabeau disait : « Une » propriété particulière est un bien acquis en vertu des lois. » *La loi seule constitue la propriété*, parce qu'il n'y a que » la volonté politique qui puisse opérer la renonciation de » tous et donner un titre commun, un garant à la jouis- » sance d'un seul. » — Un des jurisconsultes qui ont le plus contribué à la rédaction du Code civil, Tronchet, partageait alors cette opinion, et déclarait que « c'est l'établissement » seul de la société, ce sont les lois conventionnelles qui » sont la véritable source du droit de propriété. »

Il n'y a pas loin de Mirabeau à Robespierre écrivant dans sa déclaration des droits : « La propriété est le droit qu'a » chaque citoyen de *jouir de la portion de biens qui lui est* » *garantie par la loi.* » Et il n'y a pas loin de Robespierre à Gracchus Babœuf, qui veut que la terre soit la propriété commune de tous, c'est-à-dire qu'elle n'appartienne à personne. Mirabeau, qui prétend que le législateur confère la propriété, admet par cela même qu'il peut la retirer; Robespierre, qui réserve expressément la part de l'État dans la propriété, et réduit le propriétaire au rôle d'usufruitier

7

en lui refusant la faculté de disposer, de tester, est un apôtre du communisme. M. Troplong fait très-bien observer, à propos de Robespierre et de sa définition de la propriété, citée plus haut, que Louis XIV n'aurait pas mieux fait la part de l'Etat au nom du despotisme.

Mais ces idées ne furent point adoptées par la Convention. La définition de la propriété par Robespierre était une négation par trop évidente du droit de propriété. La déclaration des droits du 24 juin 1793 porte :

« Art. 16. Le droit de propriété est celui qui appar-
» tient à tout citoyen de jouir et de disposer à son gré de
» ses biens, de ses revenus, du fruit de son travail et de son
» industrie. »

« Art. 19. Nul ne peut être privé de la moindre por-
» tion de sa propriété sans son consentement, si ce n'est
» lorsque la nécessité publique, légalement constatée,
» l'exige évidemment, et sous la condition d'une juste et
» préalable indemnité. »

Ainsi, la Convention rejeta complètement la théorie de Robespierre. Il est à remarquer que c'était quelques jours après la chute des Girondins que la Convention promulguait sa déclaration des droits (31 mai 1793). Robespierre était alors à l'apogée de sa puissance. Mais la propriété l'emporta sur la crainte qu'il inspirait, et la Convention, que n'effrayaient pas cependant les témérités révolutionnaires, recula lorsqu'on lui demandait de renverser le plus solide fondement de la famille et de la société.

Les principes de la déclaration des droits de 1793, sur la propriété, passèrent également dans la Constitution de l'an III.

Enfin, l'ère du Code civil commence, et les législateurs exposent et consacrent définitivement les vrais principes en matière de propriété.

Le droit de propriété fait l'objet de l'un des titres du Code Napoléon. Ce titre est le deuxième du livre 2. Le projet du livre 2 tout entier, c'est-à-dire les quatre titres dont il se compose, furent présentés au conseil d'État, dans la séance du 20 vendémiaire an XII, par M. Treilhard, organe de la section de législation. La discussion du titre II, commencée dans cette séance, fut continuée dans la séance du 27 vendémiaire. Une rédaction nouvelle de ce titre fut arrêtée à la séance du 4 brumaire, et ce même jour en fut ordonnée la communication officieuse au tribunat. La section du tribunat fit des observations qui donnèrent lieu à des conférences entre elle et la section du conseil d'État. A la séance du 14 nivôse an XII, M. Treilhard en fit le rapport, et présenta une rédaction définitive du titre entier. Cette rédaction fut adoptée de suite, sans nouvelle discussion. Ce fut le 26 nivôse que le titre II, *de la propriété*, fut porté au Corps législatif par MM. Portalis, Berlier et Pelet. M. Portalis présenta l'exposé des motifs dans un des discours le plus remarquables qu'il ait prononcés.

La communication officielle, par le Corps législatif, au tribunat, fut faite le lendemain de cette présentation, c'est-à-dire le 27 nivôse. Le 30, M. Faure, au nom de la section de législation du tribunat, fit le rapport à l'assemblée générale. Le tribunat vota l'adoption du titre, le 24 pluviôse, à la majorité de cinquante-deux voix contre une. — Ce vote fut porté au Corps législatif le 6 pluviôse, par MM. Faure, Grenier et Leroy : ce fut M. Grenier qui porta la parole. Le projet fut décrété, le même jour, à la majorité de deux cent quarante-neuf voix contre cinq, et promulgué dix jours après, le 15 pluviôse suivant.

DEUXIÈME PARTIE.

DE LA PROPRIÉTÉ; DU DROIT D'ACCESSION RELATIVEMENT AUX CHOSES IMMOBILIÈRES.

(Art. 544, 545, 546; 552 à 564.)

CHAPITRE PREMIER.

DE LA PROPRIÉTÉ.

Section I.

THÉORIE GÉNÉRALE DU CODE NAPOLÉON SUR LA PROPRIÉTÉ,

D'après les articles 544 et 545.

Les principes généraux sur la propriété, qui dominent le Code Napoléon presque tout entier, forment les deux premiers articles du titre II du livre II de ce code : ces deux articles, qui portent les numéros 544 et 545, sont ainsi conçus :

Art. 544. La propriété est le droit de jouir et disposer des choses de la manière la plus absolue, pourvu qu'on n'en fasse pas un usage prohibé par les lois ou par les réglements.

Art. 545. Nul ne peut être contraint de céder sa propriété, si ce n'est pour cause d'utilité publique, et moyennant une juste et préalable indemnité.

Ces articles rendent un solennel hommage au droit de

propriété ; ils sont la conséquence directe des principes que nous avons exposés dans notre première partie, en remontant à l'origine de ce droit et en en démontrant la légitimité.

Pour en bien saisir l'esprit et la portée, il est nécessaire de recourir aux discours des orateurs chargés d'en exposer les motifs. Nous allons en faire une analyse rapide. — D'abord le droit de propriété ne dérive pas d'une convention humaine : les auteurs du Code civil le déclarent d'une manière ferme et précise par l'organe de M. Portalis : « Le » principe de ce droit, » dit-il, « est en nous. Il n'est point » le résultat d'une convention humaine ou d'une loi positive. » Il est dans la constitution même de notre être et dans nos » différentes relations avec les objets qui nous environnent. »

Puis l'orateur continue, en répondant à une objection et en posant les véritables bases de la propriété : « Quelques » philosophes paraissent étonnés que l'homme puisse deve- » nir propriétaire d'une portion du sol, qui n'est pas son » ouvrage, qui doit durer plus que lui, et qui n'est soumise » qu'à des lois qu'il n'a pas faites. Mais cet étonnement ne » cesse-t-il pas, si l'on considère tous les prodiges de la » main-d'œuvre, c'est-à-dire tout ce que l'industrie de » l'homme peut ajouter à la matière ?

» Oui, législateurs, c'est par notre industrie que nous » avons conquis le sol sur lequel nous existons ; c'est par » elle que nous avons rendu la terre plus habitable, plus » propre à devenir notre demeure. La tâche de l'homme » était donc, pour ainsi dire, d'achever le grand art de la » création. »

Enfin M. Portalis décoche contre les faiseurs de systèmes un trait qui va droit à l'adresse de nos communistes contemporains : « Méfions-nous, » dit-il, « des systèmes dans les- » quels on ne semble faire de la terre la propriété com- » mune que pour se ménager le prétexte de ne respecter le » droit de personne. »

Arrêtons-nous ici, et recueillons la pensée du législateur :

« A son point de vue, » dit M. Troplong, « la propriété est » du droit naturel ; elle est le prix du travail de l'homme » ajouté à l'occupation. L'homme a trouvé la matière brute ; » il l'a dégrossie, façonnée, fertilisée par son labeur ; il l'a » conquise par l'accession de son industrie, de son intelli- » gence. Elle est à lui au nom de la liberté, au nom du tra- » vail. Il n'est pas de loi positive qui puisse se dire l'origine » de la propriété individuelle.

» L'empire de la loi, comme cause de la propriété, est » donc une usurpation : il est banni formellement de la » théorie du Code civil, de même que la Convention natio- » nale (indocile cette fois au vœu de Robespierre) l'avait » chassé de sa déclaration des droits de l'homme ; l'État » n'est pas le propriétaire suprême, ainsi que le veulent » certaines écoles, ainsi que l'a pratiqué l'Orient, ainsi que » l'ont décrété toutes les constitutions infectées, même à » leur insu, du principe oriental. Le droit individuel est le » seul vrai, le seul légitime, le seul rationnel.

» De là cette conséquence, que la propriété privée est » sacrée, que le souverain lui-même doit la respecter ; qu'il » ne peut déposséder un propriétaire que pour cause d'uti- » lité publique et moyennant indemnité.

» Voilà le résumé de la théorie du Code civil, telle » qu'elle est formulée dans les articles 544 et 545 de ce » Code. C'est un hommage solennel rendu à la liberté de » l'homme ; c'est l'élimination de tout élément despotique » dans l'organisation du droit de propriété ; c'est la pro- » priété purgée des vieilles constitutions tyranniques ou » aristocratiques ; c'est, en un mot, la propriété rendue au » droit de la nature, et reposant sur le principe démocra- » tique de la liberté et du respect de l'individu ! »

La grandeur et la vérité de cette théorie avaient profondément frappé l'empereur Napoléon Ier. — Il disait, au conseil d'État, le 18 septembre 1809, à l'occasion de la loi des mines (v. *Revue législat.*, t. XVIII, p. 150) : « La

» propriété est inviolable. Napoléon lui-même, avec les » nombreuses armées qui sont à sa disposition, ne pour- » rait s'emparer d'un champ!! — Car violer le droit de » propriété dans un seul, c'est le violer dans tous. » — Le gouvernement impérial avait cependant conservé le droit de confiscation. L'honneur de le supprimer était réservé à la charte de 1814.

On a critiqué la définition de la propriété donnée par l'article 544 : « Le droit de jouir et disposer des choses de la manière la plus absolue, pourvu qu'on n'en fasse pas un usage prohibé par les lois ou par les réglements. » Charles Comte (v. *Traité de la propriété*, p. 372 et suiv.) a objecté que cette définition s'appliquait à l'usufruit presque aussi bien qu'à la propriété. « Un fermier, » dit-il, « un usu- » fruitier, un usager ont le droit de jouir et de disposer de » la manière la plus absolue de la chose qu'ils détiennent à » titre de ferme, d'usufruit ou d'usage, pourvu qu'ils n'en » fassent pas un usage prohibé par les lois ou par les régle- » ments. » — Mais est-il bien vrai de dire que le fermier, l'usufruitier et l'usager peuvent disposer de la chose qu'ils détiennent, de la manière *la plus absolue*. Ils en jouissent, mais ils n'en disposent pas. On pourrait peut-être, avec plus de raison, regretter que la loi n'ait pas mieux précisé jusqu'à quelle limite les lois ou les réglements peuvent restreindre l'usage de la propriété. En s'en tenant à l'interprétation littérale, rien n'empêcherait, par une loi ou par un réglement, d'interdire au propriétaire de semer toute espèce de graines, de planter des vignes ou des arbres, d'élever aucune construction, de vendre, d'échanger, de donner. Tout en proclamant les vrais principes du droit de propriété, on pourrait ainsi dépouiller le propriétaire de ses plus précieux avantages. Heureusement, les mœurs générales, la conscience publique, et l'esprit qui a présidé à la rédaction de l'article 544, donnent au texte sa véritable signification. Le législateur n'a pas même eu la pensée qu'aucun pouvoir osât jamais porter atteinte à ce droit de propriété qu'il ne faisait que reconnaître comme un droit naturel, et que son usage pût être restreint lorsque l'intérêt public ne l'exigeait pas d'une manière absolue.

Section II.

NATURE ET ÉLÉMENTS DU DROIT DE PROPRIÉTÉ.

Quelle est la nature et quels sont les éléments du droit de propriété ?

La propriété, pleine et parfaite, confère au propriétaire, sur la chose, un droit de domaine, en vertu duquel cette chose lui appartient d'une manière *absolue* et *exclusive*. Or, ce droit de domaine, *dominium*, comprend tous les droits *réels* sur la chose. Il en résulte que les notions générales sur la nature du droit de propriété se lient essentiellement à la distinction fondamentale en jurisprudence des droits *réels* et des droits *personnels*.

La propriété est un *droit réel* (*jus in re*). En d'autres termes, le lien de la propriété existe directement entre le propriétaire et la chose, indépendamment des personnes; de sorte qu'il peut la revendiquer en quelques mains qu'il la trouve, quoique le possesseur soit de bonne foi et n'ait contracté envers lui aucune obligation personnelle. — Le droit à la chose (*jus ad rem*) est bien différent : ce n'est qu'un droit personnel qui résulte d'un lien purement personnel, ou d'une obligation existant entre deux ou plusieurs personnes déterminées, et en vertu duquel l'une est obligée de faire ou de donner quelque chose. — Par suite du droit réel, je réclame une propriété qui m'est acquise; en vertu du droit personnel ou du droit à la chose, je demande seulement à devenir propriétaire; je demande que le débiteur me transfère la propriété.

Ce n'est pas uniquement au droit de propriété et à ses

démembrements que s'applique la qualification de *droit réel*. Ainsi, l'on étend encore cette dénomination à des droits de toute autre nature, tels que ceux qui concernent l'état des personnes, leur autorité, leur qualité de père, d'enfant ou d'époux légitime, et même les droits de liberté, de sûreté personnelle; on doit admettre une semblable extension, puisque ces droits nous appartiennent, indépendamment de toute obligation spéciale de telle ou telle personne envers nous, et par là même participent du caractère dont est revêtu le droit de propriété. Nous n'aurons à nous occuper ici que des droits réels qui concernent la propriété proprement dite.

La propriété est *pleine* ou *parfaite*, lorsqu'aucun des droits qui la composent n'en a été détaché. Maître de disposer d'une manière absolue, le propriétaire peut céder une partie des droits qu'il a sur sa chose; mais il est évident que lorsqu'il l'aliène il ne peut transférer plus de droits qu'il n'en a lui-même. — La propriété est *imparfaite* lorsque quelques-uns des droits qui la composent en ont été détachés; ainsi, celui qui n'a sur un héritage qu'un droit de propriété résoluble ne peut ni dégrader cet héritage au préjudice de celui auquel il doit retourner, ni l'aliéner, ni concéder des droits qui ne soient pas eux-mêmes soumis à la condition résolutoire. C'est une propriété imparfaite.

Le droit de propriété est très-étendu, et nous avons déjà fait remarquer qu'il n'était, dans sa complexité, que le faisceau des droits réels que l'on peut avoir sur une chose. Quels sont ces droits réels? M. Demolombe a fait remarquer, avec raison, que leur nombre n'est pas nécessairement déterminé, pas plus que les différentes variétés possibles de ces droits ne sont définies par la nature même des choses. Mais on peut dire qu'ils sont tous compris dans une nomenclature bien ancienne, empruntée au droit romain, et reproduite par l'ancienne jurisprudence française. Aux termes de cette nomenclature, le droit de propriété consiste essentiellement dans trois éléments constitutifs qui sont :

1° Le droit d'*user* de la chose, c'est-à-dire le droit de s'en servir et de l'employer à un usage susceptible de se renouveler, mais sans toucher aux fruits (*jus utendi*) ;

2° Le droit de percevoir les fruits produits par la chose (*jus fruendi*) ;

3° Le droit d'en retirer une *utilité définitive*, et une fois pour toutes, c'est-à-dire de la changer, de la transmettre à un autre (*jus abutendi*).

Remarquons ici que le verbe *abuti*, *abutendi* ne signifie pas un usage blâmable et répréhensible, mais un usage qui ne peut plus se renouveler par le maître actuel de la chose (*ab... uti, ab... usus*). Tous ces points sont parfaitement mis en lumière par M. Pellat (*princip. génér. du droit de propr.*).

L'article 544 ne mentionne que le droit de jouir et le droit de disposer, le *jus fruendi* et le *jus abutendi*, sans rappeler le droit d'user et de se servir de la chose, le *jus utendi*. — Mais il est évident que dans sa généralité il comprend ce droit.

Cette analyse des divers attributs dont la réunion forme le droit de propriété n'a qu'un intérêt secondaire, lorsqu'on apprécie le droit qui résulte de la propriété parfaite qui les réunit tous ; mais son utilité se révèle dès que l'on veut rechercher quels sont les démembrements, les fractionnements que peut subir le droit de propriété.

Lorsque le droit de propriété est plein et entier, il est absolu et exclusif.

Ainsi le propriétaire a le droit :

D'employer sa chose à tous les usages que bon lui semble, lors même qu'elle n'y serait pas naturellement destinée ;

D'en modifier et d'en changer complètement la forme, la destination et le mode de jouissance ;

De bâtir ou de planter au-dessus, de creuser et de fouiller au-dessous (art. 552) ;

De l'aliéner, en tout ou en partie, au profit d'un tiers;

D'y renoncer, de l'abandonner, *pro derelicto habere*, sans la transmettre à un autre (art. 621, 656, 699, 2172).

Le propriétaire peut même *mésuser* de sa chose, la laisser dépérir, la dégrader et la détruire. « Par exemple, » dit Pothier, *de la propr.*, n° 5, « le propriétaire d'une bonne » terre labourable a le droit, si bon lui semble, d'en faire » une terre en friche qui ne serve qu'au pâturage des » bestiaux : comme le propriétaire d'un beau tableau a le » droit de faire passer dessus une couleur pour l'effacer, ou » le propriétaire d'un livre le droit de le jeter au feu, si bon » lui semble, ou de le déchirer. »

C'est ici que l'on pourrait, pour caractériser ces sortes d'excès du droit de propriété, se servir du mot *abuser*, qui, comme on l'a vu, n'est nullement synonyme du mot latin *abuti*. Toutefois même, en droit français, cette maxime du droit romain : *Expedit reipublicæ ne suâ re quis malè utatur* (Instit. § 2, *de his qui sui vel alien.*) : « il importe à la société que les particuliers gouvernent bien leur fortune au lieu d'en mésuser, » peut recevoir son application dans une certaine mesure. Ainsi, dans certains cas déterminés, pour arrêter les excès sur les choses, et la dilapidation d'un patrimoine, la loi a permis d'interdire le propriétaire trop prodigue, ou de lui donner un conseil judiciaire. Mais ce ne sont là que des restrictions pour ainsi dire répressives : tout propriétaire peut mésuser de sa chose. La loi n'a cherché à empêcher l'abus par aucune mesure préventive, lorsque cet abus ne va pas jusqu'à constituer un délit prévu par la loi pénale, et c'est avec raison. « Si le gouvernement, » a dit Th. Raynal, « se constitue juge de l'*abus*, il ne tardera pas » à se constituer juge de l'*us*; et toute idée véritable de » *propriété* et de *liberté* sera perdue. » Comp. aussi M. Demolombe, n° 545.

En vertu de son caractère exclusif, la propriété confère encore au maître de la chose un pouvoir privatif qui l'autorise à s'opposer à ce qu'aucun autre que lui-même en retire un service ou un avantage. En effet, le droit de propriété ne serait pas absolu, s'il n'était pas exclusif, et s'il pouvait être entravé ou diminué par le fait d'un tiers.

Sous ce rapport, on peut dire que les deux caractères essentiels de la propriété, d'être *absolue* et *exclusive,* se tiennent de très-près et se confondent en quelque sorte.

Remarquons cependant que, lorsque nous disons que le droit de propriété est exclusif et absolu, cette proposition doit s'entendre sous cette réserve, à savoir : qu'il n'existe, avec ces caractères, que dans les limites et sous les conditions déterminées par la loi.

Mais, avant d'aborder et d'exposer les restrictions apportées au droit de propriété, il importe d'examiner avec quelque détail une question qui rentre d'ailleurs jusqu'à un certain point dans cet ordre d'idées, et qui a divisé les meilleurs commentateurs du Code civil. Cette question, c'est celle de savoir si les propriétaires peuvent, par l'effet de leurs libres conventions, en vertu de leur droit de propriété, créer et organiser des *démembrements* de la propriété *autres* que ceux qui ont été réglés par les dispositions expresses ou implicites du Code Napoléon, et qui sont : le droit de jouissance, le droit d'usage, le droit d'habitation, les servitudes ou services fonciers.

Cette question a été décidée de différentes manières; cependant l'affirmative ne nous paraît point douteuse. En effet, il est de principe que tout ce qui n'est pas défendu est permis; que la liberté des conventions ne comporte pas dans ses manifestations d'autre restriction que celle de ne rien stipuler de contraire à l'ordre public et aux lois.

L'art. 543 du Code Napoléon, dont on argumente, n'a évidemment pas eu pour but de restreindre le *droit absolu* du propriétaire proclamé par l'article suivant. Il n'est évidemment qu'énonciatif et non limitatif. Le législateur, recherchant les rapports des biens avec ceux qui les possèdent, dit simplement que l'on peut avoir sur les biens ou un droit de propriété, ou un droit de jouissance, ou seulement des services fonciers à prétendre. C'est une simple énumération faite en vue de la division des titres suivants qui traitent successivement du droit de propriété, du droit de jouissance et des servitudes. Mais il n'a certainement pas entendu établir une opposition entre le droit de propriété et les droits qui suivent, dans l'intention de restreindre la faculté de démembrement de la propriété au droit de jouissance et aux services fonciers. Ce n'est pas par une simple énonciation que l'on aurait établi une limitation si importante du droit de propriété au moment où l'on reconnaissait qu'il était *absolu*. Maître de disposer de sa propriété d'une manière absolue, aux termes de l'art. 544, le propriétaire, dans les conventions qui ont pour objet le démembrement du droit de propriété, n'a qu'une limite à s'imposer, c'est de ne rien stipuler de contraire aux lois et aux réglements.

C'est ce qu'enseigne de même, et très-justement, Toullier en ces termes : « Si on demande, » dit-il, t. 3, n° 96, « quels sont les droits qu'on peut séparer de la propriété » parfaite, de combien de manières on peut la démembrer, » il faut d'abord poser en principe que chacun peut disposer » de sa propriété de la manière la plus absolue (art 544) ; » il peut en détacher les droits que bon lui semble, étendre » ou limiter ces droits comme il le veut; en un mot, démembrer sa propriété comme il le juge à propos, pourvu qu'il » n'y ait rien de contraire aux lois ni à l'ordre public. » Ainsi, dans cette matière, on suit le principe général : » tout ce qui n'est pas défendu est permis. » — Telle est aussi l'opinion émise par MM. Ducaurroy, Bonnier et Roustain, t. 2, n° 69. — Les mêmes principes se trouvent formulés avec une égale généralité d'expressions dans divers arrêtés de la jurisprudence :

« Attendu, en droit, que les articles 544, 546 et 552 du Code Napoléon sont déclaratifs du droit commun, relativement à la nature et aux effets de sa propriété, mais ne sont pas prohibitifs ;

» Que ni ces articles, ni aucune autre loi, n'excluent les diverses modifications et décompositions dont le droit ordinaire de propriété est susceptible... » (Cass. 13 fév. 1834).

« Attendu que la transmission de propriété, par contrat. est susceptible de toutes les conditions et stipulations qui n'ont rien de contraire aux lois, aux bonnes mœurs et à l'ordre public... » (Amiens, 2 déc. 1855).

Comme application, il a été jugé :

Qu'une même chaussée peut appartenir à deux personnes, de façon que l'une ait seulement droit aux arbres, et l'autre aux herbes croissant sur le terrain de cette chaussée (Cass. 13 fév. 1834);

Que le même concours de deux propriétaires simultanés peut s'établir sur une montagne, de manière que l'un ait la propriété des bois qui y croissent, et l'autre seulement la propriété des chaumes (Cass. 26 déc. 1833);

Que le sol peut appartenir à l'un, et les arbres qui y sont plantés appartenir à un autre propriétaire (Cass. 20 fév. 1851).

Dans notre sens, on trouve un autre démembrement particulier de la propriété dans l'exemple cité par Merlin, d'une personne propriétaire d'un emplacement dans une halle, tandis qu'un autre a la propriété de la halle.

Enfin, les baux à locatairie temporaire (c'est-à-dire pour quatre-vingt-dix ans et au-dessous), qui sont toujours usités dans quelques provinces, transmettent au preneur dans notre droit nouveau, comme dans l'ancien droit, un véritable démembrement du droit de propriété. (Conf. MM. Duvergier, *du Louage,* t. 1, n° 198; Troplong, *du Louage,* t. 1, art. 1709, n° 55.)

Toute cette théorie que les art. 526 et 543 ne sont pas limitatifs, et qu'il est, en conséquence, permis aux particuliers de créer autant de droits réels et de faire autant de décompositions et de fractionnements du droit de propriété que bon leur semble, est révoquée en doute par M. Demolombe, t. 9, n°s 515 et suiv. — C'est là, dit-il, une proposition qui, dans sa généralité, ne lui paraît nullement exacte. Le principal argument qu'oppose le savant doyen de la faculté de Caen se formule en ces termes : « Les particuliers, » dit-il, « ne peuvent pas, bien entendu, par leurs conventions » ni par leurs dispositions, changer les lois qui concernent » l'ordre public (C. Nap. art. 6, 1133, 1172, etc.); et au » nombre de ces lois, il faut évidemment ranger celles qui » intéressent les tiers, le public, la sécurité des conventions, » le mode de transmission des biens. Or, la loi qui détermine » et organise les droits réels, dont les biens seront susceptibles, intéresse sans doute au plus haut degré les tiers, » le public, le mode de transmission des biens, la sécurité » des conventions : donc elle est une loi d'ordre public : » donc les particuliers ne la peuvent pas changer : donc » une telle loi, dans l'énumération des droits réels qu'elle » reconnaît, doit être nécessairement considérée comme limitative. »

Dans cet argument nous trouvons une pétition de principe : rien n'est moins démontré en effet que la mineure du syllogisme. M. Demolombe pose en principe : que les lois qui déterminent et organisent les droits réels dont les biens sont susceptibles, sont d'ordre public! Mais la question est précisément de savoir si les lois, qui s'occupent des démembrements du droit de propriété, sont tellement d'ordre public, que l'ordre public serait violé par les conventions particulières qui se formeraient en dehors du cercle que ces lois ont tracé : or, c'est ce que nous contestons; l'art. 544 C. Nap. consacre en faveur du propriétaire le droit de disposer de sa chose de la manière la plus absolue, pourvu qu'il n'en fasse pas un usage prohibé par les lois et réglements, et l'art. 686 du même Code proclame formellement, sous la même restriction, le grand principe de la liberté des conventions en matière de servitude ou services fonciers : donc toute convention particulière qui crée, en dehors des articles de loi déclaratifs du droit commun, soit un démembrement nouveau du droit de propriété, soit une servitude, n'est pas de soi, et par cela même nulle comme dérogeant à des lois qui intéressent l'ordre public.

M. Demolombe, lui-même, reconnaît dans le même numéro que, du droit accordé aux propriétaires de stipuler d'autres démembrements de la propriété que ceux prévus et réglés par la loi, résulterait cet avantage social, que les mêmes biens pourraient en même temps servir à un plus grand nombre de personnes, ce qui serait favorable aux intérêts de l'agriculture, de l'industrie et du commerce, et par là même aux intérêts de l'humanité. — Comment donc alors l'ordre public peut-il se trouver intéressé à ce que les dispositions des art. 526 et 543 soient interprétées et appliquées dans un sens limitatif?

Il n'y a pas de discussion pour le cas où une convention particulière, allant au-delà des classifications établies par la loi, serait en elle-même contraire soit aux lois, soit à l'ordre public, comme, par exemple, s'il s'agissait de faire revivre un démembrement de la propriété usité sous le régime féodal, prohibé par l'article de la loi du 6 octobre 1791. Mais nous prétendons que, sauf cette restriction, toute convention qui, en ce qui concerne les démembrements de la propriété, introduit dans la pratique, et tend à imposer comme loi aux parties une combinaison nouvelle, est parfaitement valable, quoiqu'elle ne soit pas écrite dans la loi, et sans que l'on doive se préoccuper de la faire rentrer, par des efforts plus ou moins pénibles, dans l'un des cas qui sont déterminés et organisés par elle. La liberté des conventions forme tellement, en cette matière, la règle générale, que, quand le législateur a voulu y soustraire un des démembrements du droit de propriété, il l'a dit en termes exprès. C'est ainsi que les propriétaires ne pourraient établir, par leurs conventions privées, une hypothèque en dehors des conditions déterminées par le Code : ici, sans doute, la liberté des conventions se trouve enchaînée, mais l'article 2115 du Code Napoléon est formel. Cet article apparaît comme une exception à la règle générale, et il la confirme.

M. Demolombe veut que tous les droits réels ou démembrements de la propriété, que les propriétaires prétendent établir sur les biens, puissent être ramenés, soit à un droit de propriété, soit à un droit de jouissance (usufruit, usage ou habitation), soit enfin à des services fonciers, et que la liberté des conventions privées ne puisse aller au-delà.

« Chacun des droits consacrés par l'article 543, » dit M. Demolombe (n°s 521 et suiv.), « a ses caractères propres » et ses éléments distinctifs. Le droit de propriété? il est » absolu et perpétuel. Le droit d'usufruit, d'usage et d'ha» bitation? il est attaché à la personne et doit finir avec elle, » au terme déterminé. Le droit foncier? il ne peut exister » qu'entre deux héritages au profit de l'un qui est dominant, » à la charge de l'autre qui est servant. Cela posé, il est » évident qu'il ne saurait dépendre des parties, en appelant » du nom de propriété un simple droit d'usufruit ou d'u» sage, d'en faire un droit transmissible et perpétuel, pas » plus que de créer, sous la fausse dénomination de pro» priété, une servitude perpétuelle à la charge d'un fonds » et au profit d'une personne. — Entre le droit de propriété » et les autres droits dont les biens peuvent être l'objet, il y » a cette différence capitale : que le premier est considéré » par la loi comme un bien *corporel*, meuble ou immeuble » par sa *nature*, tandis que les autres sont considérés comme » des biens *incorporels*, meubles ou immeubles, *par l'objet* » *auquel ils s'appliquent*. » (Comp. art. 518, 526, 527.)

De là, M. Demolombe conclut que, pour reconnaître si un droit constitue, soit une propriété, soit un usufruit, un usage ou une servitude, il faut rechercher si celui auquel ce droit appartient peut bien dire de la chose qui en est l'objet, que cette chose est sa *propriété*, que cette chose est *sienne*, qu'il a, en un mot, *un bien immeuble par sa nature*, aux termes de l'article 518, ou si, au contraire, il faut qu'il dise seulement qu'il a *un droit sur cette chose*, et que son droit s'applique à cette chose, aux termes de l'article 526. Jusqu'ici nous sommes d'accord avec M. Demolombe, mais il va plus loin. Arrivant aux fractionnements et aux démembrements du droit de propriété, du principe qu'il a posé plus haut, que le droit de propriété est considéré par la loi comme un bien *corporel*, il conclut que, *dans chacun des fractionnements du droit de propriété*, il faut qu'on retrouve le caractère essentiel de ce droit, c'est-à-dire *un bien véritablement corporel*. Il reconnaît qu'il n'y a pas de difficulté dans le cas où l'on aurait aliéné une partie intégrante d'une chose, qui s'en trouverait ainsi physiquement et matériellement détachée, ou dans le cas où l'on aurait aliéné, non pas une partie distincte et divise de la chose, mais une partie indivise : que, dans ces hypothèses, le droit réel qui résulterait de la convention serait bien un véritable droit de propriété.

Mais les doutes commencent pour lui lorsque les parties, par des conventions privées, ont établi un droit qui ne s'applique pas divisément à une partie matérielle de la chose, et qui ne s'applique pas non plus indivisément à une partie de la chose totale, et ne constitue pas dès lors une co-propriété susceptible de donner lieu au partage ou à la licitation. Il lui paraît (*loc. cit.*, n° 525) qu'il est infiniment difficile de le distinguer soit de simples droits d'usage ou de servitude, soit de la co-propriété indivise.

Il en cite comme exemple la vente d'un immeuble avec réserve à titre de *démembrement de la propriété* du droit de chasse *à perpétuité* sur l'immeuble vendu, pour lui, ses héritiers et ses ayants cause ; et il décide que l'on ne peut considérer un simple droit de chasse sur un fonds comme un droit de propriété, comme un démembrement de la propriété, par le motif que celui auquel appartiendrait ce droit ne pourrait pas dire qu'il est *propriétaire du fonds* quant au droit de chasse. Il ajoute que, si cela était possible, tous les droits quelconques de servitude et d'usage sur un immeuble deviendraient, quand on le voudrait, des droits de propriété, et qu'il serait facile de créer des assujétissements perpétuels sur les immeubles, non pas à titre de servitude réelle au profit d'un autre immeuble, les seuls que le Code autorise, mais à titre *de servitude personnelle*.

Il nous semble que M. Demolombe est allé beaucoup trop loin en considérant comme contraire à la loi tout démembrement de la propriété, auquel ne peut s'appliquer le *criterium* qu'il propose, c'est-à-dire, tout démembrement qui ne donne pas à celui auquel il appartient le droit de dire *que la chose qui en est l'objet est sa propriété, qu'il a un bien immeuble par nature* (n°s 522, 523), et en exigeant qu'on retrouve dans chaque fractionnement *un bien véritablement corporel*. Il crée là une distinction qui n'est pas dans la loi et qui restreint arbitrairement *le droit absolu* de disposer des choses qu'elle accorde au propriétaire (art. 544). M. Demolombe a été induit en erreur par les prémisses de son argumentation : « *Le droit de propriété,* » dit-il, n° 522, « est considéré comme *un bien corporel.* » Que le droit de propriété suppose toujours l'existence d'un bien corporel auquel il s'applique, cela ne peut pas faire un doute ; mais jamais la loi n'a dit et n'a pu dire que le droit de propriété en lui-même fût un bien corporel, et que tous les démembrements de ce droit seraient nécessairement corporels. Le droit de propriété en lui-même, en tant que droit, est au contraire comme tous les droits, purement intellectuel ; tous les fractionnements de ce droit sont purement intellectuels comme lui, seulement ils ont pour objet un bien corporel : « Il n'est point d'image, point de peinture, point de trait » visible qui puisse exprimer le rapport qui constitue la

» propriété, » dit Bentham. « Il n'est pas matériel, mais » métaphysique ; il appartient tout entier à la conception de » l'esprit. » Le droit de propriété immobilière, ainsi que l'a fait remarquer M. Demolombe lui-même, comprend dans sa plénitude le faisceau de tous les droits réels sur la chose. Le droit du propriétaire ne sera pas absolu, comme le veut la loi, s'il ne peut rompre ce faisceau et disposer de chacun des droits qui le composent, soit en totalité, soit en partie, même lorsque l'exercice de ces droits ainsi fractionnés ne permet pas à celui qui les possède de dire d'une manière absolue qu'il possède un immeuble par nature, que la chose est sa propriété. Il suffit qu'il puisse dire qu'il est propriétaire *partiaire.* Il y a un fait important qui domine toute la question. Si les rédacteurs du Code avaient adopté l'opinion que le droit de propriété est une création du droit civil, nous comprendrions que l'étendue de ce droit fût rigoureusement restreint par les termes dont s'est servi le législateur. Mais, au contraire, du moment où le législateur a reconnu et proclamé que le droit de propriété est un droit naturel antérieur à la loi, et dont la loi règle seulement la la forme et les effets, il faut reconnaître que les restrictions sont de droit étroit, qu'elles n'existent que lorsqu'elles ont été clairement et formellement exprimées, et que la règle : c'est que tout ce qui n'a pas été défendu est permis, quelles que soient les expressions plus ou moins exactes dont le législateur a pu se servir.

L'exemple choisi par M. Demolombe, la concession du droit de chasse à perpétuité comme démembrement du droit de propriété, est peut-être mal choisi pour bien poser la question. On peut contester que ce droit soit véritablement une partie essentielle du droit de propriété, et d'ailleurs, ainsi que le fait remarquer M. Demolombe lui-même, il existe un motif particulier pour décider qu'il ne peut être cédé à perpétuité. Le droit de chasse peut être l'objet d'une concession personnelle et temporaire ; mais une aliénation à perpétuité de ce droit rappellerait trop le régime féodal, et aurait pour résultat, en se généralisant, de faire peser sur les campagnes, au préjudice de l'agriculture, un assujétissement qui a dû disparaître sans retour, avec les derniers débris des institutions seigneuriales, sans pouvoir être rétabli par des voies indirectes.

Mais prenons un autre exemple : celui du propriétaire d'une halle, qui cède la propriété de cette halle, en s'y réservant à perpétuité un emplacement pour y vendre. Celui à qui appartient cet emplacement peut-il dire qu'il est *propriétaire du fonds,* qu'il a un bien *immeuble par sa nature?* Evidemment il ne le peut pas. Dira-t-on que ce n'est qu'un droit d'usage, ou une servitude? Ce serait nier le droit de concéder *à perpétuité* cet emplacement, droit qui ne peut, ni en droit, ni en raison, être contesté. C'est un démembrement du droit de propriété, qui se refuse au *criteriùm* de M. Demolombe. « Sans doute, » dit Merlin, « sur cette es- » pèce (questions de droit, v° *biens nationaux*, § 1, p. 289), » celui qui n'a pas la propriété soit du rez-de-chaussée, » soit des étages supérieurs, soit des excavations souterraines » d'un fonds, n'est pas aussi pleinement propriétaire du » fonds que celui dans la main duquel sont réunis à la fois » ces trois objets. Mais quelle différence extiste-t-il entre » l'un et l'autre? Ils ne diffèrent que dans un seul point, » c'est que le second est propriétaire absolu, et en quelque » sorte *solidaire,* au lieu que le premier n'est que le pro- » priétaire *partiaire.* Mais vouloir qu'une *propriété partiaire* » ne soit qu'une servitude, c'est afficher un paradoxe ré- » prouvé par les textes les plus précis du droit. »

De même, dans d'autres espèces citées plus haut, lorsque *le sol* appartient à un propriétaire, et les *arbres* qui y sont plantés à un autre propriétaire; lorsque le vendeur d'un terrain s'est réservé à perpétuité *le droit* d'embarquer et de débarquer toutes sortes de bois sur un terrain vendu, on a autant de démembrements licites de la propriété, et cependant ni le propriétaire des arbres, ni le propriétaire du droit d'embarquement ou de débarquement, ne peuvent dire, dans la rigueur de l'expression, qu'ils sont propriétaires du fonds, qu'ils ont un bien immeuble par nature. On comprend facilement que le jeu des intérêts peut créer à l'infini des combinaisons analogues que la loi n'a pu prévoir à l'avance d'une manière formelle, et qu'on ne pourrait prohiber, sous prétexte qu'elles ne rentrent pas dans certaines catégories déterminées, sans violer les droits du propriétaire et sans causer en même temps un grave préjudice aux intérêts du commerce et de l'industrie, et même quelquefois aux intérêts généraux. Mais, dit-on, alors rien ne sera plus facile que de créer sur les immeubles des assujétissements perpétuels, qui seront de véritables servitudes personnelles prohibées par la loi. Ce sera aux magistrats qu'il appartiendra d'apprécier si ce qui a été qualifié démembrement, ou fractionnement du droit de propriété, n'est en réalité qu'une véritable servitude personnelle contraire aux lois, et dans ce cas les conventions seront annulées ; mais si ce n'est pas une servitude personnelle, si l'on ne peut reprocher au droit créé par la convention que de ne pas rentrer nettement dans une des catégories des droits énumérés par le Code, sans qu'aucune loi soit violée, le droit devra être maintenu.

M. Demolombe s'est écarté du principe incontestable qu'en ce qui concerne l'exercice du droit de propriété tout ce qui n'est pas défendu est permis. Voilà pourquoi il se trouve souvent embarrassé pour faire rentrer dans un des droits *définis et organisés*, suivant son expression, quelques fractionnements particuliers de la propriété, que l'on ne peut y rattacher que par des distinctions trop subtiles pour notre droit français.

C'est encore pour l'avoir méconnu qu'il a été amené à conclure de ce que le Code Napoléon n'a point énoncé l'emphytéose, ni aucune décomposition analogue du droit de propriété, que les parties ne pourraient même pas, en présence du silence du législateur, et usant de la liberté que la loi leur accorde en matière de conventions, créer, par libre stipulation ou par disposition, une emphytéose temporaire. — Contrairement à son avis, nous croyons l'emphytéose temporaire parfaitement valable et permise, malgré le silence du Code, et cette doctrine a été consacrée par une foule d'arrêts de la jurisprudence et les opinions particulières d'un grand nombre de jurisconsultes, tels que Merlin, *quest. de Droit*, v. Emphytéose, sect. V, § 8; Duranton, t. IV, n° 80, et t. XIX, n° 268; Proudhon, *de l'Usufruit*, t. I, n° 97, et *du Domaine du propre*, t. II, n° 710; Duvergier, *du Louage*, t. I, n°s 142 et suiv.; Troplong, *des Priv. et Hypoth.*, t. II, n° 405, et *du Louage*, t. I, art. 1709, n° 50; Marcadé, t. II, art. 526; Ducaurroy, Bonnier et Roustain, t. II, n° 70.

Parmi les démembrements du droit de propriété, un des plus singuliers est le *droit de superficie;* mais à l'égard de ce droit il ne peut s'élever de question. Nul doute que les particuliers ne puissent l'établir par leurs libres conventions : ce démembrement de la propriété est reconnu par la loi elle-même ; on en trouve la preuve dans l'art. 553 du C. Nap., qui déclare qu'un tiers, non propriétaire du sol, peut acquérir, soit par titre, soit par prescription, la propriété de tout ou partie du bâtiment d'autrui; dans l'art. 519, qui déclare immeubles par nature les moulins à vent ou à eau fixés sur piliers, et qui ne font pas de différence lors même qu'ils seraient établis sur le sol des rivières navigables et flottables; et enfin, dans l'art. 664, d'après lequel les différents étages d'une maison peuvent appartenir à différents propriétaires. (Conf. M. Demolombe, n° 483.)

Section III.

DES RESTRICTIONS APPORTÉES AU DROIT DE PROPRIÉTÉ PAR L'INTÉRÊT PUBLIC.

Quelque étendu que soit le droit du propriétaire de faire

de sa chose ce que bon lui semble, il ne peut néanmoins en faire un usage prohibé par les réglements : c'est ce que nous disions précédemment, c'est ce que prescrit d'une manière formelle l'art. 544, *in fine,* et c'est sous ce point de vue que nous allons maintenant envisager la propriété.

Il existe, en effet, d'assez nombreuses limitations au droit de propriété qui ont pour motif : l'intérêt public. — C'était aussi ce que faisait observer Pothier, *de la Propr.*, n° 14. « Par exemple, » dit-il à cet égard, « quoique le propriétaire d'un champ puisse y planter tout ce que bon lui » semble, il ne lui est pas néanmoins permis d'y faire une » plantation de tabac : y ayant des lois qui défendent ces » plantations dans le royaume, comme contraire aux inté- » rêts de la ferme du tabac. — Pareillement, quoique le » droit de propriété d'une chose renferme le droit de la » vendre et de la transporter où bon lui semble, il n'est pas » néanmoins permis de transporter son blé hors du royaume, » lorsqu'il y a une loi qui en défend l'exportation. — Il » n'est pas permis à un marchand de vendre une quantité » considérable de blé dans ses greniers, surtout dans un » temps de disette, au préjudice des lois de police, qui or- » donnent de le mener et de le vendre au marché. — Pa- » reillement, quoique la propriété d'une chose renferme le » droit d'en mésuser et de la perdre, un marchand, pro- » priétaire d'une quantité considérable de blé, qui, en dif- » férant trop longtemps de le vendre, dans l'espérance que » le prix du blé enchérirait, l'aurait laissé perdre dans un » temps de disette, serait coupable envers le public d'une » injustice considérable, la loi naturelle ne permettant pas » de laisser perdre une marchandise d'une première néces- » sité, au préjudice du besoin que le public en a. »

Lors donc que les docteurs disent que la propriété est un droit exclusif et absolu, cette proposition n'est exacte que sous la réserve que l'usage qui sera fait par le propriétaire de sa chose n'aura lieu que dans les limites et sous les conditions déterminées par la loi. — On remarquera même que l'on doit à cet égard aller un peu plus loin que ne le fait le législateur. Ainsi ce n'est pas seulement de certains usages de sa chose, prohibés par les lois ou par les réglements, que doit s'abstenir le propriétaire : il doit encore, dans certains cas, et toujours eu égard à l'intérêt public, *faire* tel ou tel acte, qui est également une limitation de son droit de propriété ; de telle sorte que le principe se trouve mieux exprimé dans l'art. 537 du C. Nap. qui dit, dans des termes plus généraux, que « les particuliers ont la libre disposition des biens » qui leur appartiennent, *sous les modifications établies par* » *les lois.* » (Conf. M. Demolombe, n° 554.)

Nous trouvons d'abord dans le Code Napoléon, au titre des servitudes, plusieurs limitations du droit de propriété établies dans un intérêt public : c'est ainsi qu'aux termes de l'art. 643 le propriétaire d'une source ne peut en changer le cours, lorsque ce cours fournit aux habitants d'une commune, d'un village ou d'un hameau, l'eau qui leur est nécessaire : c'est ainsi encore que d'autres limitations, d'après l'art. 650, ont pour objet, en vue de l'utilité publique ou communale, le marchepied le long des rivières navigables ou flottables, la construction ou réparation des chemins et autres ouvrages publics ou communaux. Le législateur qualifie ces limitations de servitudes. Mais, remarquons-le en passant, dans l'exactitude des principes, ces limitations et autres semblables ne font que réglementer la propriété foncière, l'organiser, lui imprimer un caractère approprié aux besoins sociaux : en d'autres termes, elles en constituent le régime commun, permanent et normal.

Nous venons d'observer plus haut, que non-seulement, dans l'intérêt public, le propriétaire était tenu de s'abstenir de certains usages de sa chose, mais encore de *faire*, relativement à cette chose, certains actes. Et en effet, le plus important et le plus radical de ces actes va même, lorsque l'intérêt de tous l'exige, jusqu'à la cession de son droit de propriété, sous la condition d'une juste et préalable indemnité.

Ce droit d'exiger du maître de la chose la cession même de sa propriété est très-ancien dans nos mœurs; on le trouve écrit dans une ordonnance de Philippe-le-Bel, en 1303.

Le préambule de la Constitution du 3 septembre 1791 renfermait aussi cette déclaration : « La propriété étant un droit inviolable et sacré, nul ne peut en être privé, si ce n'est lorsque la nécessité publique, légalement constatée, l'exige évidemment... » — Ce même principe était écrit dans la Constitution du 24 juin 1793 (art. 19), et dans celle du 5 fructidor an III (art. 358).

L'article 545 du Code Napoléon le consacre lui-même en ces termes :

« Nul ne peut être privé de sa propriété, si ce n'est pour cause d'utilité publique, et moyennant une juste et préalable indemnité. »

Il n'entre pas dans notre sujet de traiter longuement de l'expropriation pour cause d'utilité publique; aussi n'en dirons-nous que quelques mots fort courts, nous contentant d'indiquer les principes les plus généraux.

Les lois qui ont successivement organisé l'expropriation des immeubles, pour cause d'utilité publique, se sont toujours proposé ce double but :

D'une part, de garantir l'inviolabilité du droit de propriété dans l'application de la règle, qui en exige le sacrifice au nom de l'État, afin : 1° que ce sacrifice ne soit imposé que pour une cause véritable et sérieuse d'utilité publique; 2° que la condition d'une juste et préalable indemnité soit exactement remplie; — d'autre part, de protéger l'intérêt général contre les lenteurs, la mauvaise volonté, les résistances absurdes et les prétentions parfois exhorbitantes des propriétaires.

A cet effet, la loi du 3 mai 1841, dans laquelle a été

refondue la loi du 7 juillet 1833, et qui forme aujourd'hui le droit commun en cette matière, organise une procédure particulière, dont nous signalerons, à grands traits, les trois phases principales :

1° *La déclaration d'utilité publique*. Cette déclaration, garantie première et si essentielle du droit de propriété, doit être prononcée tantôt par une loi, tantôt par une ordonnance (ou un décret), suivant l'importance des entreprises à exécuter (art. 2). La désignation des localités ou territoires sur lesquels les travaux doivent avoir lieu est faite par un acte du préfet, lorsqu'elle ne résulte pas de la loi ou de l'ordonnance; et c'est également l'administration qui détermine les propriétés particulières ou les parcelles auxquelles l'expropriation est applicable.

Cette première attribution ne pouvait appartenir qu'au pouvoir législatif ou au pouvoir exécutif, c'est-à-dire à une autorité planant assez haut au-dessus des intérêts divers pour pouvoir apprécier avec justesse, et sans parti pris, les intérêts généraux du pays, l'état de ses ressources, les besoins de l'industrie, de l'agriculture ou du commerce, tous les éléments enfin dont se compose une déclaration d'utilité publique.

2° Cette première condition remplie, s'il n'intervient pas de convention amiable entre l'administration et le propriétaire, le rôle de l'autorité judiciaire commence; c'est à elle, en effet, à cette gardienne des droits de la propriété, qu'il appartient de prononcer *l'expropriation* (art 1er).

3° Vient enfin *la fixation de l'indemnité*, qui est faite par un jury, dont le directeur est un juge commis par le tribunal (art. 14, 28, 30, 38).

La loi du 16 septembre 1807 avait attribué le droit de fixer l'indemnité à l'administration, qui ainsi était juge dans sa propre cause.

La loi du 8 mars 1810 avait transporté cette attribution à l'autorité judiciaire : mais cette dernière pouvait peut-être à son tour se montrer trop préoccupée des droits de la propriété privée, et d'ailleurs, devant elle, l'esprit de chicane épuisait tous les moyens de la procédure pour retarder l'expropriation.

Les lois des 7 juillet 1833 et 3 mai 1841, pour éviter ces deux extrêmes, ont emprunté aux lois anglaises et américaines l'institution d'un jury spécial, composé de manière à concilier les deux intérêts mis en présence.

Remarquons, en ce qui regarde l'indemnité :

1° Qu'elle doit être juste (art. 545 du C. Nap.); par conséquent, il faut tenir compte au propriétaire, non seulement de la valeur propre des biens expropriés, mais encore du préjudice que peut lui causer cette expropriation, de la dépréciation de la propriété qui reste dans ses mains, ou des travaux qu'il sera obligé de faire (v. l'art. 50).

2° Qu'elle doit être *préalable* (art. 545, C. Nap.; art. 53 et suiv., loi du 3 mai 1841).

3° Enfin, qu'elle doit consister dans une somme d'argent, dans un capital, et non pas seulement dans une redevance; autrement, en effet, elle ne serait point préalable.

Toutefois, un chapitre spécial de la loi du 3 mai 1841 (chap. 1 du titre VII, art. 65, 74) détermine des conditions particulières pour le cas où il y a urgence de prendre possession des terrains *non bâtis*; et alors, la prise de possession peut précéder la fixation définitive de l'indemnité qui, dans ce cas, n'est point, par conséquent, préalable.

Cette exception ne s'applique pas aux terrains *bâtis*, parce que le bâtiment une fois détruit, il eût été à peu près impossible au jury d'en déterminer ensuite la valeur.

Pareillement, la loi du 30 mars 1831 renferme des dispositions spéciales en ce qui concerne l'expropriation et l'occupation temporaire, en cas d'urgence, des propriétés privées nécessaires aux travaux des fortifications : la loi du 3 mai 1841 a positivement maintenu cette loi spéciale (art. 76).

Au reste, l'urgence, dans certaines circonstances, peut revêtir un caractère de nécessité tellement irrésistible, qu'il soit impossible d'observer aucune forme de procédure, et que l'autorité publique doive néanmoins avoir le droit de disposer immédiatement, sauf indemnité postérieure, s'il y a lieu, des propriétés privées : tels sont les cas de force majeure, d'incendie, d'inondation, etc.

Citons encore, comme exemples de restrictions apportées au droit de propriété dans l'intérêt public, celles qui résultent notamment :

1° De la loi du 21 avril 1810, d'après laquelle le gouvernement peut accorder la concession d'une mine qui se trouve dans un fond, à un autre qu'au propriétaire de ce fonds (art. 5, 13 et suiv.).

2° Des différentes lois en matière d'alignement sur le bord des grandes routes, des chemins vicinaux, des rues dans des villes, etc. (Comp. loi des 16, 24 août 1790, tit. x, art. 3; loi des 7, 14 oct. 1790, art. 1; loi des 19, 22 juillet 1791, tit. i, art. 29; loi du 16 septembre 1807, art. 50; loi du 21 mai 1836, art. 16).

3° De la loi du 16 sept. 1807 sur la propriété des marais, d'après laquelle le gouvernement peut ordonner les dessèchements qu'il juge utiles ou nécessaires (art. 1).

4° Du décret du 9 déc. 1811, qui défend d'élever aucun bâtiment, aucune clôture, aucunes constructions, de quelque nature qu'elles puissent être, dans le rayon kilométrique des places de guerre.

5° Du Code forestier, qui défend aux propriétaires de bois de les défricher sans autorisation (art. 219); — d'abattre des arbres, des futaies éparses ou en plein bois, sans déclaration préalable (art. 124); — de détourner, sous aucun prétexte, les arbres marqués sur les propriétés particulières pour le service de la marine (art. 133).

6° Des lois successivement renouvelées, qui défendent de

se livrer à la culture du tabac (du 28 av. 1816, 12 fév. 1835, 23 avril 1840).

7° Du décret du 15 oct. 1810, qui défend d'établir, sans l'observation des formalités et des conditions prescrites, des manufactures qui répandent une odeur insalubre.

8° Des lois qui prescrivent la confiscation des gravures obscènes, des substances vénéneuses, des armes prohibées, etc., etc.

Nous devons aussi noter ici, comme limitant assez étroitement le droit du propriétaire de disposer de sa chose d'une manière absolue, surtout lorsqu'il veut démembrer ou fractionner son droit de propriété, la loi qui défend aux particuliers de faire revivre par des conventions privées les anciens droits *féodaux*, non-seulement les services personnels, les corvées, etc., mais encore les redevances foncières perpétuelles. « Le territoire de la France, dans toute son étendue, lit-on dans l'art. 1 de la loi du 6 oct. 1791, est libre comme les personnes qui l'habitent ; ainsi toute propriété territoriale ne peut être sujette envers les particuliers qu'aux redevances et aux charges dont la convention n'est pas défendue par la loi ; » et c'est manifestement dans ce même esprit qu'ont été rédigées les dispositions des art. 530, 543, 638, 686 du C. Nap.

CHAPITRE DEUXIÈME.

DU DROIT D'ACCESSION RELATIVEMENT AUX CHOSES IMMOBILIÈRES.

(Art. 552 à 564 du C. Nap.)

Les art. 711 et 712 du C. Nap. énumèrent cinq modes d'acquisition de la propriété, qui sont : 1° les successions ; 2° les donations ; 3° l'effet des obligations ; 4° l'accession ou incorporation ; 5° la prescription. Mais cette énumération est incomplète ; ainsi, il faut à ces cinq modes d'acquisition en ajouter quatre autres ; 6° l'occupation ; 7° la tradition ; 8° la perception des fruits par un possesseur de bonne foi ; 9° l'effet de la loi, par exemple, dans le cas où la loi attribue aux pères et mères l'usufruit des biens de leurs enfants mineurs de dix-huit ans et non émancipés (C. Nap., art. 384).

Nous n'avons à nous occuper ici que d'un de ces modes d'acquérir, de l'*accession* et même seulement de l'accession relativement aux choses immobilières.

« L'accession, » dit Pothier, n° 150, « est une manière » d'acquérir le domaine qui est du droit naturel, par lequel le » domaine de tout ce qui est un accessoire et une dépen- » dance d'une chose est acquis de plein droit à celui à qui » la chose appartient, *vi ac potestate rei suæ.* » Telle était aussi, sur l'accession, l'opinion de la plupart des commentateurs du droit romain et celle des anciens jurisconsultes français ; le Code Napoléon l'a reproduite formellement en rangeant, en termes exprès, dans l'art. 712, l'accession parmi les modes d'acquérir.

Un vice de classification a été ici reproché aux rédacteurs du Code : puisqu'ils considéraient l'accession comme un moyen d'acquérir, c'était, dans le livre III, qui est consacré aux *différentes manières dont on acquiert la propriété*, qu'ils devaient s'en occuper, et non dans le livre II, qui ne traite que des biens et des différentes modifications de la propriété. Dans son traité *de la propriété*, Pothier suivait bien mieux l'ordre logique en ne procédant à l'examen du droit d'accession que dans le chapitre 2 de la première partie, qui a pour rubrique : « Comment s'acquiert le domaine de propriété et comment il se perd ? » Quant à nous, tout en assignant logiquement à l'accession la place qu'elle occupe dans la distribution des matières du traité précité de Pothier, nous pensons que si l'on avait à faire un commentaire du Code Napoléon, l'on ne serait pas suffisamment fondé, dans l'intérêt d'une classification plus rigoureuse, à en bouleverser toute l'économie pour distraire du livre II la matière de l'accession et la transporter sous la rubrique du livre III, comme le font notamment MM. Delvincourt, t. II, p. 3, et Zachariæ, t. I, p. 416, d'autant plus que, comme l'a fait observer M. Demolombe, t. IX, n° 572, en admettant même que l'accession soit un moyen d'acquérir, il n'en est pas moins vrai que c'est un moyen spécial qui, s'opérant *vi ac potestate rei*, n'est que la conséquence et le développement d'un droit de propriété préexistant, et peut, à tout prendre, être examiné dans le titre *de la propriété*.

L'art. 546 est ainsi conçu : « La propriété d'une chose, soit mobilière, soit immobilière, donne droit sur tout ce qu'elle produit, et sur ce qui s'y unit accessoirement, soit naturellement, soit artificiellement : ce droit s'appelle *droit d'accession.* » — Dans le même titre, le législateur traite dans deux chapitres distincts : 1° du droit d'accession sur ce qui est produit par la chose ; 2° du droit d'accession sur ce qui s'unit et s'incorpore à la chose, soit naturellement, soit artificiellement. Par suite, on a distingué plusieurs espèces d'accessions, l'une *naturelle*, l'autre *industrielle*, et l'accession *mixte*.

On s'est demandé, en se plaçant au point de vue de la théorie pure, si, en soi, l'accession pouvait vraiment être considérée comme un moyen d'acquérir la propriété.

D'abord, en ce qui concerne les fruits et les produits d'une chose, comment l'accession est-elle un moyen d'acquérir, puisque, tant que les fruits et les produits ne sont pas détachés de la chose, ils n'en sont pas l'accessoire, mais bien une partie intégrante ; et que, d'autre part, quand ils viennent à être détachés, ce serait bien plutôt par *désaccession* que par *accession* que se réaliserait, pour le propriétaire, quant à ces fruits et à ces produits de sa chose, le prétendu mode d'acquisition de la propriété ? Maintenant, quant au cas où il y a incorporation véritable d'une chose à une autre, le mot *accession* est sans doute moins impropre pour exprimer l'acquisition que le propriétaire fait de la chose qui est venue s'unir à la sienne ; mais y a-t-il là véritablement acquisition par l'addition d'une chose accessoire? Il est permis d'en douter, et c'est aussi l'avis de MM. Marcadé, sur l'art. 546; Mourlon, répétit. écr., t. I, p. 654; Demolombe, n° 575. — D'une part, en effet, l'on ne peut pas dire, quand il s'agit, par exemple, de constructions faites avec les matériaux d'autrui, de terrains où l'on a planté des arbres qui ne vous appartiennent pas, d'une bibliothèque peinte avec de la couleur appartenant à un autre, qu'il y ait deux objets distincts dont l'un est l'accessoire de l'autre; il n'existe qu'un seul objet, un terrain bâti, un terrain planté, une bibliothèque peinte, et, en réalité, les matériaux ne subsistent plus comme tels, dans leur individualité, pas plus que les arbres et la peinture : comment donc le propriétaire du terrain et de la bibliothèque pourrait-il être devenu propriétaire, par accession, de ce qui, à partir de l'incorporation, a cessé d'exister dans son individualité? Il n'y a là que l'extension d'un droit de propriété préexistant, que le développement naturel et logique de ce droit de propriété lui-même.

Il faut en dire autant pour le cas des *alluvions* ou *atterrissements,* des îles et îlots formés dans les rivières non navigables ni flottables, et qui profitent aux propriétaires riverains. L'*alluvion* n'est, ainsi que nous le verrons plus tard, qu'un *accroissement* insensible qui s'est formé par la juxtaposition de molécules matérielles venant on ne sait d'où, de telle sorte que, dans l'incertitude des principes, c'est par occupation, et *defectu juris alieni,* que le propriétaire riverain devient propriétaire de l'alluvion, des atterrissements, des îles et îlots : le terrain sur lequel existait un droit de propriété s'est agrandi, et il a attiré à lui ces autres terrains de formation nouvelle, qui lui sont adhérents, et n'ont aucune individualité propre. En droit romain, l'on appelait *accessio* l'accessoire lui-même, comme l'on appelait *fructus* et *usuræ* les fruits et les intérêts d'une chose ou d'un capital. — Ainsi, il y a un titre aux Pandectes sous cette rubrique *de usuris et fructibus et causis et omnibus accessionibus;* ce qui tendrait à faire croire que les Romains eux-mêmes ne considéraient pas le mot *accessio* comme signifiant un mode d'acquérir la propriété. Nous n'avons pas dessein de développer ici la question en droit romain : elle a d'ailleurs été traitée avec le plus grand talent par MM. Ducaurroy, *Instit. expl.*, t. I, n°s 349 et suiv., et Ortolan, *Instit.*, liv. II, tit. I, § 19 et suiv. — Cette discussion, au surplus, en droit français, ne présente aucun intérêt pratique. Que l'accession soit ou ne soit pas, scientifiquement parlant, une cause légale d'acquisition, peu importe : à tort ou à raison, la question a été résolue dans le sens de Pothier. L'accession est, en termes exprès et positifs, rangée, par l'art. 712, parmi les modes d'acquérir, et il n'en peut résulter aucun inconvénient.

Le droit d'accession, dans son application aux immeubles, se réfère principalement : 1° aux constructions, plantations et ouvrages qui peuvent être faits au-dessus ou au-dessous du sol; 2° aux accroissements qui peuvent résulter, pour le sol, du voisinage d'un cours d'eau (alluvions, atterrissements, îles et îlots, etc.); 3° à certains animaux qui, par l'habitude qu'ils contractent de demeurer dans un fonds, en deviennent en quelque sorte les accessoires. Nous consacrerons donc successivement trois chapitres ou sections à l'examen du droit d'accession immobilière.

Section I.

DU DROIT D'ACCESSION RELATIVEMENT AUX CONSTRUCTIONS, PLANTATIONS ET OUVRAGES AU-DESSUS OU AU-DESSOUS DU SOL.

La disposition fondamentale sur la matière qui va nous occuper, disposition à laquelle se rattachent toutes les autres, comme une série de conséquences à leurs prémisses, est celle de l'art. 552, C. Nap., ainsi conçue : « *La propriété du sol emporte la propriété du dessus et du dessous.* — Le propriétaire peut faire au-dessus toutes les constructions et plantations qu'il juge à propos, sauf les exceptions établies au titre *des servitudes* ou *services fonciers.* — Il peut faire au-dessous toutes les constructions et fouilles qu'il jugera à propos, et tirer de ces fouilles tous les produits qu'elles peuvent fournir, sauf les modifications résultant des lois et réglements relatifs aux mines, et des lois et réglements de police. »

Après plusieurs observations générales sur la portée et sur l'étendue de ce principe, nous aurons à nous demander quels sont les droits respectifs du propriétaire du sol et des tiers, d'abord dans le cas où le propriétaire aurait fait les constructions, plantations et ouvrages sur son propre fonds avec les matériaux d'autrui, et ensuite dans le cas où des tiers auraient fait ces mêmes ouvrages avec leurs propres matériaux sur le fonds d'autrui.

§ 1. — *Observations générales sur le principe que la propriété du sol emporte la propriété du dessus et du dessous.*

(Art. 552 et 553.)

Il résulte du premier alinéa de l'art. 552, qui vient d'être cité, que le propriétaire du sol est propriétaire de tout ce qui doit être considéré comme partie intégrante de ce sol lui-même, à savoir : du *dessus* que, dans la loi 21, § 3, ff., *quod vi aut clàm,* l'on qualifie de *cœlum;* du *dessous,* dont l'ancienne désignation était *infera,* et dont les synonymes sont encore les mots : « fonds et tréfonds, » ce qui rappelle la maxime connue : « *Qui dominus est soli, dominus est cœli et inferorum.* » (v. M. Demolombe, t. IX, § 643).

On comprend, au reste, que si l'on essayait d'envisager le sol en le séparant, d'une manière absolue, du dessus et du dessous, on se trouverait placé en face d'une abstraction dont il serait difficile de se former une conception nette. Le sol est donc nécessairement autre chose qu'une espèce de surface géométrique sans épaisseur. — Toutefois, il importe de remarquer que, si de l'idée de la propriété du sol l'on ne peut éliminer à la fois celle du dessus et celle du dessous, l'on conçoit au moins l'élimination raisonnable de l'un ou de l'autre de ces éléments constitutifs, de telle sorte que le droit de propriété vienne à s'appliquer à chacun d'eux isolément au profit de personnes différentes. On peut même, à cet égard, distinguer comme étant susceptible d'appartenir à autant de propriétaires distincts : 1° le sol, *area*, suivant l'expression du droit romain (v. l. 21, ff, *de pign. act.*), *le rez-de-chaussée*, suivant celle de l'article 187 de la cout. de Paris; 2° la superficie; 3° et enfin, la partie souterraine (v. encore M. Demolombe, t. IX, n° 644).

On peut citer comme exemple remarquable de cette décomposition de la propriété du sol, au profit de personnes différentes, les cas du domaine congéable, fort usité autrefois dans l'ancienne province de Bretagne, et du droit de superficie. Dans ces cas, les édifices et les superficies ne sont pas réellement, en effet, la propriété du maître du sol, tant que subsiste le droit du domanier ou du superficiaire; et comme c'est ordinairement de la superficie que dépend toute l'utilité d'un fonds, le droit de ce dernier a été qualifié de domaine *utile*, tandis que le droit du maître du sol a reçu le nom de domaine *direct*. (Conf. M. M. Duranton, t. IV, n° 570; Delvincourt, t. I, p. 8; Toullier, t. III, p. 80 et suiv.)

Notons aussi qu'aux termes de l'article 664, C. Nap., les différents étages d'une maison peuvent appartenir à plusieurs propriétaires différents. Il a même été jugé par la cour de Paris (17 mars 1838) que, lorsque le rez-de-chaussée et le premier étage d'un bâtiment appartiennent à deux propriétaires différents, le propriétaire du premier étage a le droit d'en construire un second sans le consentement de l'autre.

On peut, en sens inverse, et indépendamment du cas où il s'agit de mines ou minières, spécifier une hypothèse où le maître du sol ne se trouve pas investi de la propriété du dessous : c'est celle où un tiers aurait acquis, par prescription ou autrement, la propriété d'un souterrain sous le sol d'autrui, ou de tout autre partie du sol ou du bâtiment, ainsi que le suppose la disposition finale de l'article 553, C. Nap.

Ajoutons maintenant que si la propriété du *dessous*, considérée comme accessoire de la propriété du sol, a dû toujours, sans difficulté, comprendre sous la surface toute l'épaisseur de terrain nécessaire aux travaux de l'agriculture, aux plantations, à la solidité des constructions, et, en général, à l'exercice du droit de propriété dans ses rapports avec la destination naturelle du sol, on a pu contester cependant que cette propriété du dessous dût également s'étendre au-delà, d'une manière illimitée, pour aller saisir dans les profondeurs les plus éloignées de l'écorce terrestre, même le tréfonds minéral, qui ne se rattache point à l'idée de la destination naturelle du sol, et qui, œuvre exclusive des forces mystérieuses et cachées de la nature, ne porte en rien l'empreinte de la puissance et de la personnalité de l'homme.

La plupart des législations étrangères rangent même encore aujourd'hui les mines au nombre des propriétés régaliennes ou domaniales.

Mais en France, sous l'empire de nos lois actuelles, le droit du propriétaire du sol à la propriété des mines et de toutes les richesses quelconques, dont les gisements se trouvent dans l'intérieur de ce sol, est formellement reconnu et proclamé. Déclarons donc, avec l'article 552, que la propriété du sol emporte la propriété du dessous, sans restriction et sans limites, du dessous à toute profondeur, du dessous *usque ad infera*.

La première conséquence que la loi tire elle-même du principe que la propriété du sol emporte la propriété du dessus et du dessous est que le propriétaire peut faire au-dessus toutes les plantations et constructions qu'il juge convenables. Le droit du propriétaire, à cet égard, est toutefois restreint par l'effet des dispositions du titre *des servitudes* : ainsi, par exemple, si le propriétaire s'était interdit, en faveur du voisin, le droit de bâtir sur son fonds ou de bâtir au-delà d'une certaine hauteur ; s'il avait concédé à ce même voisin une servitude active, comme un droit de passage ou de conduite d'eau, il ne pourrait rien faire au-dessus du sol qui fût de nature à rendre impossible ou à entraver l'exercice de la servitude. (Conf. M. Duranton, t. IV, n° 569.)

Le droit de planter sur son propre terrain comporte, en particulier, des restrictions qui ont pour but de sauvegarder l'intérêt privé. Elles sont aussi indiquées au titre *des servitudes*.

Ajoutons ici qu'en tout cas la prescription acquise du droit de conserver un arbre planté dans le voisinage, à une distance moindre que celle qui est déterminée par la loi, n'entraîne point la prescription du droit de posséder l'extension des branches de cet arbre, quand elles se prolongent sur le terrain d'autrui.

Le droit de construire sur sa propriété est soumis à plusieurs restrictions qui ont été introduites dans l'intérêt public.

Ainsi, certaines règles générales régissent les constructions des établissements insalubres, et celles qui sont élevées dans le voisinage des bois et forêts et des places de guerre ; ainsi encore, nul ne peut, sans autorisation, élever aucune habitation, ni creuser aucun puits, à moins de cent mètres de distance des cimetières transférés hors des communes (déc. 7 mars 1808). Ajoutons que nul ne peut non plus construire sur la voie publique sans observer les réglements en vigueur.

Une autre conséquence du principe, que la propriété du sol emporte la propriété du dessus et du dessous, est que le propriétaire peut faire *au-dessous* toutes les constructions et fouilles qu'il juge à propos, sauf toujours, bien entendu, l'observation des lois et réglements de police. Le propriétaire a ce droit dans son fonds et chez lui (art. 544, 552), et peut dès lors l'exercer, encore que le fonds du voisin dût en éprouver une dépréciation plus ou moins importante ; il peut, par exemple, creuser des puits artésiens à toute profondeur, et tirer librement de son fonds tous les matériaux quelconques, sables, marnes, pierres à chaux et à ciment, etc., dont l'extraction se fait, en général, à ciel ouvert. (Conf. M. Demolombe, n° 646.)

L'art. 552, *in fine*, soumet formellement le droit de propriété du sol « aux modifications résultant des lois et réglements relatifs aux mines ; » ajoutons : et relatifs aux minières et carrières. — La loi du 21 avril 1810 forme une législation spéciale sur cette matière : nous allons en dire quelques mots.

D'après l'article 1er de la loi du 21 avril 1810, les masses de substances minérales ou fossiles renfermées dans le sein de la terre, ou existant à la surface, sont classées relativement à l'exploitation de chacune d'elles, sous les trois qualifications de mines, minières et carrières.

L'article 2 définit ce qui constitue les mines. Sont considérées comme mines celles connues pour contenir en filons, en couches, ou en amas, les principaux métaux dont l'article donne l'énumération, et quelques matières assimilées aux métaux.

L'article 3 définit les minières, qui comprennent les minerais de fer dits d'alluvion, les terres pyriteuses propres à être converties en sulfate de fer, les terres alumineuses et les tourbes.

L'article 4 définit les carrières qui renferment toutes les pierres et les terres.

Les mines, proprement dites, ne peuvent être exploitées qu'en vertu d'une concession (art. 5).

Le propriétaire de la surface peut faire des recherches sans formalités préalables ; mais un tiers ne peut en faire sans le consentement du propriétaire, ou sans l'autorisation du gouvernement, et à la charge, dans ce dernier cas, d'une préalable indemnité envers le propriétaire, après qu'il aura été entendu (art. 10, 12).

L'intérêt général exigeait que les substances renfermées dans les mines, substances si précieuses et qui intéressent à un si haut degré le commerce, l'industrie, la civilisation tout entière, ne demeurassent point enfouies et perdues dans l'intérieur du sol, et aussi qu'elles fussent convenablement exploitées pour le plus grand bien de tous. Le gouvernement, en conséquence, peut faire la concession de la mine à un autre qu'au propriétaire du fonds.

Le gouvernement peut concéder la mine à qui bon lui semble, à tout français ou à tout étranger naturalisé ou non, agissant isolément ou en société (art. 1er).

Lorsque la concession a lieu au profit d'un autre que le propriétaire de la surface, celui-ci a droit à une indemnité, laquelle est réglée par l'acte même de concession.

Cette indemnité, qui consiste dans une redevance, peut nous offrir encore aujourd'hui l'exemple d'une rente immobilière. Sa valeur demeure réunie à celle de la surface, et elle est affectée avec elle aux créanciers du propriétaire (art. 18).

La mine, une fois concédée, soit à un autre qu'au propriétaire de la chose, soit même à celui-ci, forme, dans tous les cas, une propriété nouvelle, distincte et indépendante de la propriété de la surface (art. 17, 18, 19, 20, 21).

Il est incontestable que ces deux propriétés, celle de la mine et celle de la surface, sont, par le résultat même de cette situation naturelle des lieux (arg. des art. 639, 640) et de leur superposition, dans un état de dépendance réciproque, qui altère de chaque côté la plénitude du droit, et qui les soumet ainsi forcément à des conditions spéciales d'existence et d'exercice.

C'est ainsi que le propriétaire de la surface ne peut plus désormais faire des fouilles au-dessous de la mine, comme, de son côté, le propriétaire de la mine ne peut pas non plus faire de travaux qui seraient de nature à compromettre la solidité de la superficie, et de ce qu'on a appelé très-justement le *toit* même de la mine.

En cela, et pour ce qui concerne les effets de cette espèce de servitude naturelle qui grève les deux propriétés, aucune indemnité n'est due de part ni d'autre, parce que telle est la condition même d'existence des deux droits. (Comp. Proudhon, *du Domaine privé*, t. II, n°s 767 et 776; Demolombe, t. IX, n°s 647 et suiv.)

Quant aux minières, l'exploitation ne peut en avoir lieu sans permission; et elle est assujettie à des règles spéciales (art. 57, 58 de la loi du 21 av. 1810).

Ces règles sont différentes et plus ou moins sévères, suivant que l'exploitation peut être faite à ciel découvert, ou seulement au moyen de travaux souterrains.

L'importance des usines à fer est si grande dans l'intérêt général de la société, que la loi a créé, à leur profit, des droits exceptionnels sur les fonds qui renferment du fer d'alluvion. C'est ainsi que les maîtres de forges, établis dans leur voisinage, peuvent forcer les propriétaires de minières à leur en livrer les produits moyennant une indemnité; ils ont même la faculté d'exploiter, à la place du propriétaire, sous les conditions déterminées par la loi, si celui-ci ne veut pas le faire (art. 59, 60, 61, 65).

Enfin, pour ce qui regarde les carrières, l'exploitation peut en être faite librement par le propriétaire du terrain, et elle ne peut pas avoir lieu sans son consentement.

L'exploitation à ciel ouvert a lieu sans permission, sous la simple surveillance de la police.

L'exploitation par galeries souterraines est soumise à la surveillance de l'administration, comme il est dit au titre v de la loi du 21 avril 1810.

Quant aux tourbières, elles ne peuvent non plus être exploitées que par le propriétaire ou de son consentement (article 83).

Nous allons maintenant rentrer plus spécialement dans notre sujet avec l'article 553, qui déduit de l'article 552 une très-importante application du droit d'accession relativement aux immeubles. — Cet article 553 est ainsi conçu :

« Toutes constructions, plantations et ouvrages sur un terrain ou dans l'intérieur, sont présumés faits par le propriétaire, à ses frais, et lui appartenir, si le contraire n'est prouvé ; sans préjudice de la propriété qu'un tiers pourrait avoir acquise, ou pourrait acquérir par prescription, soit d'un souterrain sous le bâtiment d'autrui, soit de toute autre partie du bâtiment. »

Une première proposition résulte des termes mêmes de cet article : toutes constructions, plantations et ouvrages quelconques, qui se trouvent sur un terrain ou dans l'intérieur, sont présumés appartenir au propriétaire de ce terrain. Cette proposition s'harmonise parfaitement avec l'art. 518 du C. Nap., où il est déclaré, en conformité de l'ancienne maxime « *omne quod solo inædificatur, solo cedit* » (Instit. *de rer. divis.*, § 29), que les bâtiments, les bois et les arbres, etc., sont immeubles par nature, quoiqu'on ne puisse leur reconnaître ce caractère qu'en le faisant dériver du fait de l'accession.

Ici, l'accession produit donc un double effet :

D'une part, elle imprime le caractère d'immeubles à des constructions, à des plantations dont les éléments, de leur nature, et tant qu'ils conservent leur individualité distincte, sont meubles; et d'autre part, elle fait naître, relativement à ces objets, une présomption légale de propriété au profit du maître du sol.

Cette présomption équivaut à une véritable attribution de la propriété. Il n'y a pas à rechercher par qui, ni aux frais de qui, ni avec quels matériaux le bâtiment, la plantation, ou l'ouvrage quelconque a été fait; dans tous les cas, cette plantation ou cet ouvrage sont immeubles par leur nature, et de même, dans tous les cas, ils appartiennent au maître du sol, quelles que soient d'ailleurs la valeur et l'importance des constructions et des plantations. Vainement un constructeur prétendrait-il que les constructions sont tellement importantes que le sol sur lequel elles sont assises ne doit en être considéré que comme l'accessoire : il ne résulterait de cette circonstance au profit du constructeur aucun droit de propriété, à l'exclusion du propriétaire du sol, ou en concurrence et par indivision avec lui. (Conf. M. Demolombe, n° 654.)

La présomption de propriété que la loi établit au profit du maître du sol, relativement aux constructions et plantations qui existent sur ce sol, ne cède qu'à la preuve qu'un tiers a acquis la propriété de ces constructions ou de ces plantations, par titre ou par prescription, ou par tout autre mode légal, comme il aurait pu acquérir celle du sol lui-même : c'est en ce sens seulement que l'on peut dire que la présomption de la propriété n'est point absolue : sous ce rapport, il existe une différence entre notre législation et le droit romain. A Rome, la propriété du sol ne pouvait pas être distincte et séparée de la propriété de la superficie, au moins suivant les principes stricts du droit civil pur. Car le préteur était venu modifier dans la pratique la rigueur de ces principes.

Sous l'empire de notre droit, au contraire, il est certain, comme nous en avons déjà fait l'observation, que la propriété du sol, proprement dit, peut être détachée, soit de la propriété superficiaire, soit de la propriété souterraine : s'il avait pu s'élever un doute, il serait tranché par l'art. 553.

Pour qu'un autre que le maître du sol fût propriétaire des constructions et plantations, il ne lui suffirait pas de prouver que ces constructions, plantations et ouvrages quelconques ont été faits par lui et à ses dépens. Ainsi que nous le verrons bientôt, tout ce qui résulterait d'une semblable preuve serait qu'il y aurait lieu à un réglement d'indemnité entre ce tiers et le propriétaire. — Les mots : « si le contraire n'est prouvé » ne se rapportent qu'à la preuve d'une acquisition de la propriété.

En effet, d'une part, la disposition finale de l'art. 553 démontre que la propriété superficiaire ou souterraine ne résulte pas du seul fait que des ouvrages auraient été construits au-dessus ou au-dessous du sol par un tiers possesseur, et à ses frais; et, d'autre part, l'art. 555 a précisément pour objet de régler les droits du tiers constructeur à une indemnité.

Ces articles attribuent ainsi, d'une manière bien certaine, au maître du sol la propriété des plantations, constructions et ouvrages, même construits au-dessus et au-dessous du sol par un tiers possesseur, et à ses frais.

Pour que le maître du sol se trouvât exclu de la propriété des ouvrages dont il s'agit, il faudrait donc, ainsi que nous l'avons déjà dit plus haut, qu'un tiers vînt à démontrer, non pas que ces ouvrages ont été établis par lui et à ses frais, mais qu'il a acquis la propriété desdits ouvrages, superficiaires ou souterrains, soit par titre, soit par prescription (conf. M. Demolombe, n° 654), ou par l'effet de tout autre acte translatif de propriété.

La disposition finale de l'art. 553 suppose qu'un tiers peut acquérir, par prescription, la propriété d'un souterrain sous le bâtiment ou sous le sol d'autrui. Dans ce cas, la prescription ne pourra être acquise au profit d'un tiers que très-rarement et très-difficilement, puisqu'il faut que la possession soit *publique*, aux termes de l'art. 2229 du C. Nap., et c'est là une condition qui, dans l'espèce, ne pourra pas être aisément remplie. Cependant l'obstacle n'est pas absolu. En effet, pour qu'il y ait, dans notre hypothèse, possession publique dans le sens de la loi, il suffira que le maître du sol ait pu connaître les actes de propriété qu'au vu et au su de tout le monde le tiers a réalisés à l'égard du souterrain, par exemple, en y faisant des travaux extérieurs et visibles d'appropriation, en le transformant en lieu de dépôt, ou en magasin pour des marchandises qu'il y renferme et en retire tour-à-tour, etc. : il y aura donc, pour résoudre la question de prescription, des circonstances de fait à examiner, et, à cet égard, les tribunaux sont investis d'un pouvoir discrétionnaire.

A côté de la présomption de propriété relative aux bâtiments, plantations et ouvrages qui sont sur le sol, ou dans l'intérieur, l'art. 553 en renferme une autre également favorable au propriétaire : c'est que ces bâtiments, plantations et ouvrages, ont été faits *par lui* et à *ses frais.*

On aperçoit de suite le fondement de cette nouvelle présomption légale qui est fort raisonnable : ces ouvrages augmentent l'utilité ou l'agrément du sol; il est donc naturel de croire qu'ils ont été établis par celui qui avait intérêt à les faire, et qui doit en profiter.

Mais cette seconde présomption n'est pas plus absolue que la première. En effet, le législateur, dans ce même article 553, a expressément réservé le droit de la combattre par la preuve du contraire.

A cet égard, M. Demolombe, n° 656, fait justement observer que cette preuve doit établir deux faits, savoir : 1° que c'est un autre que le propriétaire du sol qui a fait exécuter les travaux; 2° qu'il les a fait exécuter à ses frais.

On comprend qu'il ne suffirait pas d'établir le premier de ces deux faits, puisque, à supposer qu'un autre que le propriétaire eût fait exécuter les travaux, il serait possible que cette personne n'eût agi en cela que comme mandataire de ce propriétaire.

Ainsi, il faut, en outre, pour que la preuve du contraire soit complète et péremptoire, établir que le tiers a fait exécuter à ses propres frais les travaux dont il s'agit.

Cette preuve, dont les éléments sont ainsi complexes, sera, suivant les cas, plus ou moins facile.

Par exemple, si c'est un tiers possesseur ayant agi *animo domini* qui réclame, il lui suffira de prouver que les travaux ont été ordonnés par lui, cette première preuve devant naturellement emporter la preuve du fait, que c'est lui qui les a payés.

Mais s'il s'agissait d'un usufruitier, d'un fermier ou de tout autre détenteur à titre précaire, comme, en définitive, il a pu n'être que l'agent ou le représentant du propriétaire, en ce qui concerne les travaux, il est manifeste qu'ici la preuve qu'exige la loi devra se référer cumulativement à l'un et à l'autre des faits que l'on vient de spécifier (v. Duranton, n° 373).

Quant à la manière dont devra se faire la preuve, le mieux sera de produire, si c'est possible, les traités faits avec l'architecte, les devis, les mémoires et quittances des ouvriers, les états des lieux qui auraient été précédemment dressés, etc.

Ajoutons, cependant, qu'il y aura lieu d'admettre ici la preuve testimoniale, d'après les principes généraux du droit.

Ainsi, s'il s'agit d'un possesseur de bonne foi, il semble qu'il pourra invoquer cette preuve testimoniale, à défaut de tout autre moyen, même quand l'indemnité réclamée dépasserait 150 francs : en effet, puisqu'il est de bonne foi, il est vrai de dire qu'il n'a pu se procurer une preuve par écrit dont il ne soupçonnait pas la nécessité, et alors c'est le cas pour lui de se placer sous l'empire de l'exception portée en l'article 1348 du C. Nap.

Des auteurs vont même plus loin, et déclarent qu'à leur avis le possesseur de mauvaise foi pourrait aussi se prévaloir de la preuve testimoniale, par le motif que, dans ce cas, il se serait au moins réalisé un quasi-contrat de gestion d'affaires, et que c'est là un fait qui autorise l'admission de cette espèce de preuve (v. MM. Duranton, t. IV, n° 373; Demolombe, t. VII, n° 656).

Nous arrivons maintenant aux cas où il y a lieu à un réglement d'indemnité entre le maître du sol et un tiers. — Il y en a deux bien distincts :

Le cas où il est prouvé que le propriétaire du terrain a fait les travaux avec des matériaux qui ne lui appartenaient pas, art. 554;

Celui où c'est un tiers possesseur qui a fait lui-même les travaux, à ses frais, sur le terrain d'autrui, art. 555.

Nous allons les examiner successivement.

§ 2. — *Du cas où le propriétaire du sol a fait des constructions, plantations et ouvrages, avec les matériaux d'autrui.*

Dans la première hypothèse, le droit des parties est réglé par l'article 554, ainsi conçu :

« Le propriétaire du sol qui a fait des constructions, plantations et ouvrages, avec des matériaux qui ne lui appartenaient pas, doit en payer la valeur : il peut aussi être condamné à des dommages et intérêts, s'il y a lieu; mais le propriétaire des matériaux n'a pas le droit de les enlever. »

Il résulte de cette disposition que le propriétaire du sol devient propriétaire des plantations, constructions et ouvrages qui ont été faits avec les matériaux d'autrui, et cela sans qu'il y ait à distinguer entre la bonne et la mauvaise foi dans l'emploi de ces matériaux (v. MM. Toullier, t. III, n° 125; Duranton, t. IV, n° 375).

Cette disposition, rigoureuse à la première vue, semble porter une grave atteinte au droit de propriété, dont nous

nous sommes montré si jaloux : mais les motifs juridiques pour lesquels le propriétaire des matériaux ne peut plus les revendiquer sont manifestes.

En effet, du moment qu'il y a eu incorporation au sol, les matériaux n'existent plus comme matériaux; ils ont perdu leur individualité, et ils ont subi, dans leur mode, une complète transformation. Il n'y a plus désormais ni des pierres, ni du bois, ni des arbres, etc.; il y a une maison, un sol planté : le propriétaire de ces matériaux, dont l'individualité a péri, doit subir l'application de la règle : « *res extinctæ vindicari non possunt;* » et c'est là le fondement de cette immobilisation des matériaux qui s'opère au profit du maître du sol, conformément à cette autre règle, qui n'est qu'un corollaire de la première : « *omne quod solo inædificatur, solo cedit.* »

Ajoutons que le législateur, en donnant la prééminence à l'intérêt du propriétaire du sol, et en exemptant ce dernier de démolir ses constructions, d'arracher ses bois ou ses vignes, etc., a pu aussi être touché par des considérations d'intérêt général et supérieur, et n'avoir fait en cela que céder à la faveur que réclament l'industrie, l'agriculture et le commerce, conformément à la loi romaine, loi I, pr. *de tigno juncto*.

Mais, en faisant même abstraction de ce dernier moyen, considérable d'ailleurs, en écartant même encore la théorie du Code civil sur l'accession, théorie qui a dû conduire logiquement aux conséquences que nous venons d'énumérer, il serait facile, en examinant simplement les divers éléments dont se compose une propriété, de trouver des raisons très-satisfaisantes qui justifieraient pleinement la décision de l'art. 554.

Un des principaux éléments qui forment une propriété est la *valeur* contenue dans la chose qui en fait l'objet; or, nous avons admis comme règle générale dans notre première partie, et nous avons proclamé comme un principe sage et juste que toute valeur appartient à celui qui l'a créée.

Cela posé, une personne qui, par exemple, emploie des matériaux pour construire une maison, ajoute à ces matériaux tout le prix de la main-d'œuvre employée. On ne pourrait la condamner à les rendre, sans ordonner la destruction d'une valeur considérable. De cette manière, il y aurait une double perte :

1° Celle des frais de construction; 2° celle des frais de démolition.

Ces pertes, remarquons-le, ne seraient profitables à personne; elles seraient un mal que ne compenserait aucun bien. On ne doit donc pas ordonner la démolition de la maison; cela me paraît hors de doute.

Mais auquel des deux propriétaires la maison doit-elle être adjugée? à celui qui l'a fait construire sur son fonds, ou à celui à qui appartiennent les matériaux? Il suffit, pour résoudre cette question, d'examiner quelle est la décision qui produira le plus d'avantages et le moins d'inconvénients.

Il est certain d'abord que la maison convient au propriétaire du sol, puisqu'il l'a fait construire, et qu'il a eu la faculté de l'accommoder à ses besoins, ou même à ses fantaisies : il ne serait pas également sûr qu'elle convînt au propriétaire des matériaux ; elle a donc pour le premier une *valeur* qu'elle pourrait ne pas avoir pour le second.

Il n'est presque pas possible que celui qui a fait construire la maison ait pris à une seule personne tous les matériaux qu'il a employés; il peut lui avoir pris la pierre, ou la chaux, ou le bois, ou le fer, ou la tuile, etc.; mais il ne saurait avoir tiré de la même source tous ces objets à la fois.

Or, si l'on fait le calcul de la valeur du fonds, de celle de la main-d'œuvre, et des matériaux qui n'ont été enlevés à personne, ou dont le prix a été payé, on trouvera que celui qui a fait faire la construction a, dans la valeur de la maison, une part plus grande que celui auquel une partie plus ou moins grande de matériaux appartenait.

Si donc il faut que l'un des deux paie à l'autre la part qu'il a dans la maison, il faut laisser la nouvelle propriété à celui qui aura le moindre remboursement à faire.

D'ailleurs, il est probable que celui qui fait construire une maison a les moyens de payer les matériaux qui lui sont nécessaires : il ne serait pas aussi sûr que le propriétaire de certains matériaux eût le moyen de payer la valeur de la maison à la construction de laquelle ils auraient été employés.

Enfin, il en est des matériaux propres à construire une maison comme de toutes les choses qui peuvent être multipliées par l'industrie humaine : avec de l'argent, rien n'est plus facile que de remplacer ceux qu'on a perdus.

Si donc le propriétaire du fonds paie au propriétaire des matériaux la valeur qu'ils avaient, celui-ci pourra se procurer des choses exactement semblables à celles dont il a été privé.

Si, au contraire, le propriétaire des matériaux gardait la maison, en payant la valeur des matériaux qui ne proviennent pas de lui, le propriétaire du fonds, par les soins duquel elle a été construite, ne pourrait pas s'en procurer une autre dans la même situation.

Donc, il y a des raisons très-fortes pour que la maison ne soit pas démolie, et pour qu'elle reste à celui qui l'a fait construire, sous la seule condition de rembourser la valeur des matériaux, et de réparer les dommages qu'il a pu causer.

Donc encore, le droit d'accession du Code civil conduit à la solution la plus sage dans le cas qui nous occupe, dans le cas de l'art. 554. Malheureusement il n'en est peut-être pas toujours ainsi, et nous verrons sous l'art. 555 que ce même droit n'est pas aussi complètement fondé en équité.

Revenons maintenant aux conséquences de l'art. 554.

En droit romain, le propriétaire des matériaux employés par le maître du sol ne cessait pas, à proprement parler, d'en avoir la propriété : en effet, si la maison, par une cause quelconque, venait à être démolie, il pouvait les revendiquer, à moins pourtant qu'il n'eût reçu déjà une indemnité calculée au double de leur valeur, au moyen de l'action *de tigno juncto* introduite par la loi des Douze Tables. (V. Instit., § 29, *de rerum div.*)

En réalité donc, si, tant que la maison était debout, le propriétaire des matériaux ne pouvait, au moyen de l'action *ad exhibendum*, les faire reparaître dans leur individualité en exigeant la démolition, et arriver ensuite à les revendiquer, il n'y avait là qu'un obstacle à l'exercice de l'action en revendication, obstacle qui pouvait n'être que temporaire, et qui, en tout cas, ne supprimait pas d'une manière absolue, radicale, le droit de propriété.

Dans le système consacré par le législateur français, avec la théorie de l'accession, le droit du propriétaire des matériaux, du moment qu'il y a eu incorporation de ces matériaux au sol, s'est, au contraire, évanoui sans retour : le maître du sol en est devenu définitivement propriétaire. (V. dans ce sens, MM. Duranton, t. IV, n° 374 ; Ducaurroy, Bonnier et Roustain, t. II, art. 554, n° 109.)

MM. Marcadé, sur l'art. 554, et Demolombe, n° 661, sont toutefois d'un avis opposé : ils veulent que, dans le cas où les matériaux seraient postérieurement détachés du sol, le propriétaire de ces matériaux, qui n'en aurait pas encore reçu la valeur, puisse, comme en droit romain, les revendiquer.

Cette opinion est sans doute très-raisonnable et très-soutenable en thèse générale, mais elle nous paraît ne pouvoir se concilier avec la loi : elle ne saurait être admise avec l'art. 712 du C. Nap., qui déclare l'accession un mode légal d'acquisition.

L'acquisition qui résulte ici du fait de l'accession, n'étant subordonnée à aucune condition résolutoire, se réalise par le fait même de la loi avec un caractère définitif et irrévocable; du moment où les matériaux sont entrés dans une construction, les faits postérieurs ne peuvent pas modifier ce caractère.

Un point sur lequel il n'y a point de difficulté, c'est que le propriétaire du sol ne pourrait, au lieu de payer une indemnité fixée d'après la valeur des matériaux, offrir au propriétaire de ces matériaux de les lui rendre *en nature :* l'art. 554 ne lui accorde aucun droit semblable, l'emploi des matériaux d'autrui eût-il été fait par lui de bonne foi : d'ailleurs il est bien difficile d'admettre que les matériaux n'aient pas été altérés ou défigurés. (Conf. M. Demolombe, n° 663.)

Un point encore sur lequel il ne peut pas y avoir de contestation, c'est qu'à la différence de ce qui avait lieu en droit romain, le propriétaire des matériaux n'a plus aujourd'hui l'action *in duplum :* cette action se trouve formellement abrogée par l'art. 564, qui accorde seulement au propriétaire de ces matériaux le droit d'en exiger la valeur de la part du propriétaire du sol.

On remarquera que ce dernier ne doit que cette valeur, sans qu'il y ait à distinguer si c'est par erreur, ou au contraire sciemment et de mauvaise foi, qu'il a employé les matériaux d'autrui.

Quant à l'obligation de payer, s'il y a lieu, des dommages-intérêts, obligation qui pèse éventuellement, d'après les termes de la loi, sur le propriétaire du sol, elle n'est qu'une application directe du principe général que consacre l'article 1382 du C. Nap.

Ce sera au propriétaire des matériaux qui réclame, outre la valeur de ces matériaux, une indemnité à titre de dommages-intérêts, à établir qu'en effet il a éprouvé quelque dommage, comme si, par exemple, il avait été obligé d'acquérir d'autres matériaux à un prix très-élevé.

Notons, au reste, qu'indépendamment des actions civiles

dont on vient de parler, l'action pénale pour vol ou abus de confiance pourrait aussi, suivant les circonstances, être intentée contre le propriétaire du sol qui a fait emploi des matériaux d'autrui.

Le Code Napoléon s'est encore écarté des anciennes règles sous un autre rapport. Ainsi, en droit romain, le propriétaire d'un arbre planté sans sa volonté dans le terrain d'autrui, pouvait le revendiquer tant que les racines n'étaient pas adhérentes à ce terrain (v. Instit., § 31, *de rer. div.*); au lieu que l'art. 554 précité, ne faisant à cet égard aucune distinction, l'on doit, au contraire, décider, sous l'empire de notre législation, plus favorable peut-être en cela aux intérêts de l'agriculture, que même, quand ils n'auraient pas pris racine dans le terrain d'autrui, les arbres qui s'y trouvent plantés sans le consentement de leur propriétaire, n'en appartiendraient pas moins, la question d'indemnité toujours réservée, au maître de ce terrain.

Cette décision offre aussi l'avantage de couper court à des difficultés que faisait naître le système opposé, où l'on doit examiner si l'arbre a ou non pris racine dans le terrain d'autrui. (Conf. MM. Duranton, t. IV, n° 374; Marcadé, t. II, art. 554, n° 1 ; Demolombe, t. IX, n° 667; Bugnet sur Pothier, t. IX, p, 158, en note : *contrà :* Pothier, *de la prop.*, n° 171; Toullier. t. III, n° 127.)

Nous n'estimons pas d'ailleurs que l'on doive, en présence des termes de l'art. 554 qui sont généraux, et excluent, par cela même, tout amendement, toute restriction, excepter de l'application de la règle le cas où il s'agirait de plantes exotiques, que leur nouveauté et leur rareté rendraient précieuses.

Tel n'est pourtant pas l'avis de M. Duranton, n° 374 : suivant cet auteur, si ces plantes n'avaient pas encore pris racine, on serait en droit, nonobstant la disposition précitée de l'art. 554, de les réclamer : « et très-probablement, » ajoute-t-il, les tribunaux accueilleraient la demande en

» revendication. On sait quel est le prix d'affection que les » amateurs attachent à cette sorte de plantes. »

Cette opinion paraît très-équitable; mais elle est contraire à la théorie rigoureuse de l'accession établie par le Code civil, et, en particulier, aux prescriptions absolues de l'art. 554 : or, avant tout, il faut appliquer la loi : *dura lex, sed lex.*—On ne saurait d'ailleurs entrer dans une telle voie sans beaucoup d'arbitraire et de danger. (Comp. Marcadé, t. II, art. 554, n° 1; Demolombe, n° 667).

L'art. 554, après avoir parlé des constructions et plantation faites avec les matériaux d'autrui, et refusé au propriétaire de ces matériaux le droit de les enlever, applique la même solution au cas d'*ouvrages* faits également avec les matériaux d'autrui. Ce mot *ouvrages* est ici employé dans un sens très-étendu, et ne désigne pas seulement les édifices qui sont déjà indiqués par le mot *constructions,* mais, d'une manière tout-à-fait générale, les travaux quelconques qui peuvent être exécutés soit à la surface, soit dans l'intérieur même du sol, tels que les égouts, les canaux, le pavage, etc. (Conf. M. Demolombe, n° 664).

Quant aux matériaux dont la propriété passe ici, en vertu de l'accession, au propriétaire du sol, il ne s'agit que de matériaux proprement dits, tels que pierre, sable, fer, bois, etc., qui, par leur nature, sont employés dans les constructions, plantations et ouvrages que l'on vient de spécifier.

Mais si, par exemple, le propriétaire du sol avait eu la fantaisie de placer dans l'édifice en construction, soit une statue, soit une colonne de marbre précieux appartenant à autrui, nous ne pensons pas que ce fût le cas de l'en déclarer propriétaire en vertu de l'art. 554; ce ne sont point là des matériaux dans le sens de la loi : le propriétaire de l'objet employé pourrait donc exercer ici l'action en revendication. C'est aussi l'opinion qu'a émise M. Toullier, t. III, n° 126. (V. encore dans le même sens MM. Duranton, t. IV, n° 374, note 2; Zachariæ, t. I, p. 425; Demolombe, t. IX, n°s 216 et 297.)

Nous ajouterons que l'art. 554, ne s'occupant du droit d'accession que relativement aux choses immobilières, se trouve par là même inapplicable aux constructions faites avec les matériaux d'autrui qui n'auraient pas le caractère d'immeubles, telles, par exemple, qu'un moulin ou une usine ne faisant pas partie du bâtiment, ou ne reposant pas sur des piliers.

Nous terminerons ce que nous avons à dire sur l'art. 554, par l'examen d'une espèce toute particulière posée par M. Demolombe, et pour laquelle il donne une décision que nous ne pouvons accepter.

Voici cette espèce :

« Je suis propriétaire d'une maison, d'un château, d'un » bâtiment quelconque, ou bien d'un bois, d'une forêt, etc.

» Je vends à Paul ce château, ce bâtiment, pour les dé- » molir, cette forêt pour l'abattre; je lui vends, en un mot, » les matériaux à provenir de la démolition, les bois à pro- » venir de la coupe.

» Puis, la vente étant bien et dûment consentie, je me ra- » vise et je déclare à Paul que je m'oppose à ce qu'il dé- » molisse mon bâtiment, à ce qu'il abatte ma forêt, en lui » offrant d'ailleurs de lui payer les dommages-intérêts » auxquels il pourra avoir droit par suite de l'inexécution de » notre contrat.

» Suis-je fondé dans ma résistance? ou, au contraire, » Paul peut-il, malgré moi, faire démolir le bâtiment et » faire abattre la forêt? »

La question ainsi posée, le savant auteur embrasse, à cet égard, l'opinion que l'acheteur de la maison pour la démolir, ou de la forêt pour l'abattre, ne peut forcer le vendeur à l'exécution réelle du contrat, et qu'il n'a que le droit, en cas de résistance de la part de ce dernier, d'obtenir des dommages-intérêts.

Son principal argument, pour décider ainsi, est que le propriétaire du sol qui, même par suite d'un vol, a employé les matériaux d'autrui à une construction, ayant le droit, aux termes de l'article 554, de garder en toute propriété, sauf indemnité, les matériaux d'autrui, il doit en être, *à fortiori*, de même dans notre espèce, où le propriétaire du sol qui a vendu sa maison pour être démolie, ou sa forêt pour être abattue, ne peut être obligé plus rigoureusement en vertu d'un contrat qu'il ne le serait par suite d'un délit.

Ce raisonnement de M. Demolombe séduit tout d'abord; mais en allant au fond des choses, il me semble difficile d'adopter son opinion.

En premier lieu, je trouve que les deux hypothèses que M. le doyen de la faculté de Caen prétend assimiler, sont complètement différentes.

En effet, pourquoi, dans le cas de l'article 554, le propriétaire du sol devient-il propriétaire des matériaux d'autrui, quoiqu'il y ait eu vol?

C'est qu'il y a, pour le décider ainsi, des raisons très-puissantes, raisons que nous avons énumérées plus haut et qu'il est, par conséquent, inutile de répéter ici.

C'est qu'il est survenu une immobilisation des matériaux composant la maison, des arbres adhérents au terrain et formant un sol planté.

C'est qu'il s'est réalisé un fait particulier, le fait d'accession immobilière, moyen légal d'acquérir : les articles 712 et 554 ne laissent aucun doute à cet égard.

C'est, en un mot, qu'il y a toute une théorie, celle de l'accession, qui conduit logiquement et nécessairement aux résultats de l'article 554.

Mais dans l'hypothèse citée par M. Demolombe, il n'en est plus ainsi :

La plupart des raisons que l'on peut invoquer à l'appui de l'article 554 n'existent plus.

Il ne s'opère aucune immobilisation de matériaux pris à autrui, d'arbres plantés pris à autrui : il s'agit d'immeubles existant déjà en tant qu'immeubles depuis longtemps ; d'une maison que le propriétaire vend librement à un tiers pour qu'il l'abatte, dont il doit lui livrer les matériaux moyennant un prix; d'une forêt qu'il vend librement à ce tiers pour qu'il la rase, dont il doit lui livrer les produits moyennant un prix.

En un mot, il s'agit simplement d'une vente, de l'exécution d'une convention, et non d'une application du droit d'accession. Ce droit n'a rien à faire ici, et toute base manque pour invoquer l'article 554.

Cet article, d'ailleurs, ne consacre qu'une exception. Il n'est pas naturel, il n'est pas équitable qu'un individu devienne propriétaire de ce qu'il a dérobé à un tiers, malgré ce tiers. Si le législateur a décidé qu'il en serait ainsi dans un cas spécial, c'est qu'après avoir bien pesé le pour et le contre, il y a été pour ainsi dire forcé ; c'est qu'il a dû faire fléchir la stricte équité devant des considérations extrêmement puissantes, et mettre d'ailleurs les faits d'accord avec les règles qu'il a posées.

Si la décision de l'article 554 est une exception, il ne faut pas l'étendre au-delà de ses limites rigoureuses, ni surtout transporter une théorie à part, la théorie de l'accession, dans le chapitre de la vente où, certainement, le législateur n'a jamais pensé qu'elle pût être invoquée.

C'est, au contraire, le cas d'appliquer ici un article qui domine tous les contrats, et par conséquent le contrat de vente comme les autres, l'article 1134 du C. Nap., qui veut que « les conventions légalement formées tiennent lieu » de loi à ceux qui les ont faites. »

Qu'importe maintenant que l'acquéreur dont il s'agit n'ait jamais été propriétaire des matériaux, qu'il n'ait jamais eu qu'une créance personnelle, — question peut-être controversable; — il y a une convention, il faut qu'elle soit exécutée.

On ne peut, sous aucun rapport, assimiler cet acquéreur à la personne dont les matériaux ont été employés sans son consentement, et qui, bien qu'elle en ait été propriétaire, en perd la propriété aux termes de l'article 554, et n'a plus qu'une simple action en indemnité. Cette règle particulière n'est appliquée à cette personne que parce qu'ainsi l'exige un texte formel. Mais ici, dans l'espèce de M. Demolombe, il n'y a rien de semblable qui vienne soustraire à l'empire des règles générales le contrat de vente consenti entre les parties, non plus que la créance personnelle qui en résulte.

Non-seulement, au reste, l'article 1134 du C. Nap. donne, suivant nous, gain de cause à l'acquéreur, et l'autorise à poursuivre l'exécution réelle du contrat, mais c'est encore ce que demande impérieusement l'équité.

En effet, si l'on adoptait l'opinion contraire, le sort de la convention dépendrait uniquement du vendeur, qui serait libre de se refuser à une exécution à laquelle cependant il pourrait, de son côté, contraindre l'acheteur; toute égalité de position serait rompue entre les parties, bien qu'il s'agisse d'un *contrat synallagmatique*, c'est-à-dire d'un contrat où l'obligation de l'une des parties a pour cause l'obligation contractée par l'autre.

Les motifs juridiques les plus sérieux se réunissent donc pour faire rejeter l'opinion qui veut assimiler le vendeur au propriétaire du sol dont il est question dans l'article 554 : dès lors, il est inutile de rechercher si cette opinion est plus conforme en soi, comme on le prétend, à l'intérêt public et privé, prétention que je regarde, d'ailleurs, comme fort contestable.

Il est, en tous cas, sans difficulté que, si le propriétaire du sol avait vendu des fruits pour être récoltés, il ne pourrait invoquer la disposition de l'article 554, à l'effet d'être autorisé à se départir du contrat, et à garder les fruits dont il s'agit, sous la seule obligation de payer une indemnité à l'acquéreur : « Ces fruits, » ajoute M. Demolombe lui-même, « devant être séparés du sol par la nécessité même » de leur destination. »

§ 3. — *Du cas où les constructions, plantations et ouvrages ont été faits par un tiers avec ses matériaux sur le fonds d'autrui.*

L'art. 555 du C. Nap. porte :

« Lorsque les constructions, plantations et ouvrages ont été faits par un tiers, et avec ses matériaux, le propriétaire du fonds a droit, ou de les retenir, ou d'obliger ce tiers à les enlever.

» Si le propriétaire du fonds demande la suppression des plantations et constructions, elle est aux frais de celui qui les a faites, sans aucune indemnité pour lui ; il peut même être condamné à des dommages-intérêts, s'il y a lieu, pour le préjudice que peut avoir éprouvé le propriétaire du fonds.

» Si le propriétaire préfère conserver ces plantations et constructions, il doit le remboursement de la valeur des matériaux et du prix de la main-d'œuvre, sans égard à la plus ou moins grande augmentation de valeur que le fonds a pu recevoir. Néanmoins, si les constructions, plantations et ouvrages ont été faits par un tiers évincé, qui n'aurait pas été condamné à la restitution des fruits, attendu sa bonne foi, le propriétaire ne pourra demander la suppression desdits ouvrages, plantations et constructions ; mais il aura le choix, ou de rembourser la valeur des matériaux et du prix de la main-d'œuvre, ou de rembourser une somme égale à celle dont le fonds a augmenté de valeur. »

Cet article établit une distinction entre le cas où celui qui a fait les constructions, plantations et ouvrages, était de mauvaise foi, c'est-à-dire savait que le sol appartenait à autrui, et le cas, au contraire, où il était de bonne foi, d'après les conditions déterminées par l'art. 550.

Il faut convenir, au reste, que cette importante distinction, qui domine toute la matière dont nous allons nous occuper, est exprimée d'une façon singulière dans notre article 555 : la première partie de cet article ne l'indique nullement; elle est même conçue dans les termes les plus absolus; ce n'est qu'à la fin, et en terminant le dernier alinéa, que les rédacteurs ont ajouté une phrase qui modifie profondément les trois alinéa qui précèdent, et qui, loin d'y faire suite, s'en sépare au contraire pour former, à elle seule, la seconde branche de la distinction consacrée par l'article.

On ne se rendrait pas bien compte de la forme de cette rédaction, si l'on ne savait pas que cet article n'a point été fait d'un seul jet, et que la dernière phrase, qui a introduit précisément la distinction dont nous venons de parler, n'a été ajoutée qu'après coup.

L'article primitif du projet ne faisait effectivement d'abord aucune distinction entre le possesseur de mauvaise foi et le possesseur de bonne foi; et il accordait, dans tous les cas, au propriétaire du sol le droit de faire enlever les travaux, s'il ne voulait pas les garder en payant la valeur des matériaux et le prix de la main-d'œuvre.

Mais la section de législation du Tribunat fit remarquer que cette disposition paraissait trop dure à l'égard du possesseur de bonne foi, et en conséquence le conseil d'État, voulant faire droit à cette observation, au lieu de refondre la rédaction tout entière de l'article, se borna à y ajouter la dernière phrase qui termine le troisième alinéa : « Néanmoins,... etc. » (Comp. Fenet, t. XI, p. 94 et 100.)

Les dispositions de l'art. 555, et précisément la distinction faite entre le possesseur de bonne foi et le possesseur de mauvaise foi, semblent, de prime-abord, conduire à des résultats très-choquants et très-injustes.

Ainsi, par exemple, voilà un homme qui se regarde comme propriétaire d'un fonds qui appartient à une autre personne : il y fait apporter des matériaux dont il a payé la valeur, et y fait construire une maison.

Ceci bien établi, auquel des deux la propriété nouvelle sera-t-elle adjugée? Si nous consultons le droit d'accession, il nous dira que la propriété de la maison doit rester au maître du sol. Mais la justice et la raison nous auraient-elles donné toujours la même solution?

C'est ce que nous allons examiner, en séparant les deux cas prévus par la loi : celui où l'individu qui a fait construire la maison était possesseur du sol de bonne foi, et celui où il était possesseur de mauvaise foi.

Dans le premier cas, les législateurs décident que la maison appartient au propriétaire du sol; mais qu'il est tenu ou de rembourser la valeur des matériaux et du prix de la main-d'œuvre, ou de rembourser une somme égale à celle dont le fonds a augmenté de valeur.

D'abord pourquoi, dans ce cas, la maison appartiendra-t-elle au propriétaire du fonds? Est-ce parce qu'elle lui convient mieux qu'à celui qui l'a construite avec ses propres matériaux? Cela n'est guère probable. Il est bien sûr qu'elle convient à celui-ci, puisqu'il l'a faite; mais il ne l'est nullement qu'elle convienne à celui-là.

La maison serait-elle adjugée au propriétaire du sol, par la raison que le sol a plus de valeur que la maison? Cela peut arriver quelquefois; mais, il faut bien l'avouer, cela arrivera bien rarement.

Une maison d'un prix considérable peut être élevée sur un terrain presque sans valeur. Supposons que le cas arrive : un riche propriétaire fait bâtir un château sur l'un des confins de sa terre, sur une hauteur qu'il croit lui appartenir et d'où il jouit d'une belle vue. Lorsque le château est construit, il est constaté que le sol sur lequel il se trouve appartient à un homme sans fortune. Quel sera le parti que cet homme pourra prendre?

Il n'en est que deux. Il faudra ou qu'il paie la valeur du château, chose qui lui est impossible, ou qu'il abandonne son fonds, chose injuste.

Il ne pourra demander ni la suppression du bâtiment, ni, en principe, le paiement du sol sur lequel il aura été élevé. Est-ce raisonnable?

Autre exemple : Supposons maintenant qu'un homme possède un terrain dont il se croit réellement propriétaire, quoique sa possession ne réunisse pas toutes les conditions que la loi demande pour qu'il soit réputé de bonne foi; car il peut y avoir bonne foi dans le sens vulgaire du mot, quoiqu'il n'y ait pas bonne foi dans le sens légal. Supposons, dis-je, que cet homme, qui se croit mal à-propos propriétaire, fasse construire un bâtiment sur le terrain qu'il croit lui appartenir : à qui appartiendra la propriété de ce bâtiment et du sol sur lequel il est établi?

Le propriétaire du sol a deux partis à prendre : il peut demander la suppression du bâtiment sans indemnité, ou bien il peut le retenir; mais, dans ce dernier cas, il doit rembourser la valeur des matériaux et le prix de la main-d'œuvre.

Qu'un bâtiment d'une valeur de cinq cent mille francs ou d'un million soit construit sur un terrain d'une valeur de dix à douze mille francs, comme cela peut arriver souvent dans une grande cité; qu'une manufacture qui fournira des moyens d'existence à un village entier, soit élevée sur un terrain propre à servir de pâturage à quelques moutons; mais que le capitaliste qui aura fait construire le bâtiment ne soit pas propriétaire du sol, et qu'il ne réunisse pas toutes les conditions requises pour être réputé de bonne foi, toute la propriété nouvellement créée devra être détruite, sans qu'il en reste le moindre vestige, si le propriétaire du sol le veut ainsi.

Le fabricant, sa famille, ses créanciers, les habitants du

pays qu'il faisait vivre seront probablement ruinés : n'importe ! le sol n'eût-il qu'une valeur de cinquante francs, le propriétaire sera satisfait.

On peut dire, sans doute, que cette disposition a été dictée par le sentiment profond du respect qu'on doit à la propriété ; cependant il y a ici deux propriétés en conflit : l'une, que nous supposons d'une valeur relativement minime, telle que mille, deux mille, trois mille francs, et l'autre, que nous supposons de cinq cent mille francs ou d'un million. Or, détruire une valeur d'un million de francs, en faveur d'une valeur de deux ou trois mille francs, est une singulière manière de respecter la propriété.

Ajoutons qu'il pourrait arriver que la propriété de cinq cent mille francs ou d'un million fût affectée au paiement de créances dues à des mineurs, à des femmes ou à d'autres personnes fort innocentes de la mauvaise foi prétendue de celui qui aurait fait construire le bâtiment.

Mais ce n'est pas tout : Supposons que le propriétaire du sol soit un honnête homme, et qu'il veuille retenir le bâtiment, au lieu d'en demander la suppression ; quelle est la valeur qu'il devra payer pour en rester propriétaire ?

Il ne suffira pas de payer la valeur actuelle ; il faudra qu'il paie tout ce qu'il aura coûté en matériaux et en main-d'œuvre.

Si, par exemple, le bâtiment ne valait que cinq cent mille francs, et qu'il eût coûté un million, le propriétaire du sol ne pourrait le retenir qu'en payant un million.

Chose bizarre ! il n'en serait pas ainsi dans le cas où le constructeur du bâtiment serait réputé de bonne foi : dans ce cas, le propriétaire du sol aurait le choix de payer les matériaux et la main-d'œuvre, ou la valeur actuelle du bâtiment.

Or, conçoit-on que la mauvaise foi du constructeur du bâtiment prive le propriétaire du sol d'une faculté qu'il aurait dans le cas où il y aurait eu bonne foi !

Dans ces divers exemples, exemples que l'on pourrait multiplier encore, il semble tout d'abord que les dispositions de l'article 555 sont souverainement déraisonnables et injustes : hâtons-nous cependant d'ajouter que ces exemples devront se présenter fort rarement; qu'ensuite, s'ils se présentent, ils se termineront ordinairement par des transactions et des arrangements amiables, et que d'ailleurs le mal est loin d'être aussi grand qu'il le paraît.

Ainsi, sous un rapport, nous avons vu qu'il semble que le possesseur de mauvaise foi soit plus favorisé que le possesseur de bonne foi; c'est quand le propriétaire du sol, au lieu d'exiger la suppression des travaux, les garde pour son compte : il doit alors indemniser le possesseur de mauvaise foi sur le pied de la valeur des matériaux et du prix de la main-d'œuvre, soit, par exemple, 100,000 fr.; il n'a pas, comme lorsqu'il a à faire au possesseur de bonne foi, le choix entre ce dernier mode de libération et le paiement de la plus-value seulement acquise à l'immeuble, laquelle peut être très-inférieure aux 100,000 fr. qu'ont coûtés, par hypothèse, les constructions et ouvrages.

Cette inconséquence de la loi frappe d'abord très-vivement; elle n'est, toutefois, qu'apparente.

En effet, le propriétaire du sol étant maître, vis-à-vis du possesseur de mauvaise foi, de faire enlever sans indemnité les matériaux, forcera toujours ce dernier, en le menaçant d'agir ainsi, à capituler, et à se contenter, pour les constructions et plantations qui sont conservées, d'une indemnité inférieure au prix des matériaux et de la main-d'œuvre, inférieure même à la plus-value de l'immeuble, et bien plus faible que celle qu'il devra payer, au même cas, au possesseur de bonne foi, dans les limites infranchissables de l'alternative qui est posée par la loi.

D'ailleurs et sans conteste, sous un autre rapport, le possesseur de mauvaise foi est traité plus rigoureusement que le possesseur de bonne foi, puisque, à son égard, le propriétaire du sol peut exiger la suppression des constructions, plantations et ouvrages, ce qui équivaut à peu près au droit de le ruiner; tandis que, s'il s'agit d'un possesseur de bonne foi, le propriétaire du sol n'est point autorisé à exiger cette suppression; mais il est obligé de conserver les ouvrages sur son terrain, sous l'alternative de payer au constructeur ou le prix de la main-d'œuvre et des matériaux, ou le montant de la plus-value qui est résultée des travaux.

En définitive donc, quel que soit le parti que prenne le propriétaire du sol, le possesseur de mauvaise foi est toujours traité plus rigoureusement que le possesseur de bonne foi. Bien plus, on a été jusqu'à reprocher au législateur d'avoir fait au possesseur de mauvaise foi la position trop dure, par suite du droit qui est ici accordé au propriétaire du sol de demander la suppression des ouvrages sans indemnité (v. M. Demolombe, n°s 674 et suiv.).

Mais, dans un autre ordre d'idées, la combinaison des art. 554 et 555 fait apparaître un résultat qui semble donner plus justement prise à la critique.

Lorsque c'est le propriétaire du sol qui a fait les ouvrages avec les matériaux d'autrui, même volés, pourquoi la loi ne permet-elle pas au propriétaire de ces matériaux de demander la destruction des ouvrages, tandis que, dans le cas inverse, elle autorise le propriétaire du sol à demander la suppression des constructions et plantations faites sur son terrain par un tiers de mauvaise foi? La suppression, dans ce dernier cas, entraîne les dommages et dévastations qu'il y avait même raison de prévenir et d'empêcher que dans la précédente hypothèse.

Tout ce que l'on peut dire à cet égard, c'est qu'il y a atteinte plus grave au droit de propriété dans le cas de l'art. 555, c'est-à-dire lorsque c'est un tiers qui a fait lui-même de mauvaise foi avec ses propres matériaux des constructions et plantations sur le terrain d'autrui, que lorsque c'est le propriétaire du sol qui a employé, fût-ce sciemment, les matériaux d'autrui à des constructions sur son propre terrain; d'où la conséquence que la punition doit, dans le premier cas, être plus sévère.

D'ailleurs, à aller au fond des choses, on ne peut, sans injustice, forcer un propriétaire à se gêner et à dépasser ses ressources pécuniaires en conservant sur son terrain des constructions qu'il n'eût pas faites, et qui peut-être ne lui conviennent pas; tandis que, dans le cas de l'art. 554, en refusant au propriétaire des matériaux le droit de les enlever, on ne lui cause qu'un préjudice peu sensible, puisqu'il est toujours facile de se procurer d'autres matériaux.

On pourrait donc soutenir, avec quelque raison, que c'est en se conformant à l'équité elle-même que la destruction des plantations, constructions et ouvrages, peut être demandée, dans le cas de l'art. 555, vis-à-vis du possesseur de mauvaise foi, par le propriétaire du sol, tandis qu'elle ne peut pas l'être vis-à-vis de ce même propriétaire par le propriétaire des matériaux dans le cas inverse réglé par l'art. 554.

Quoi qu'il en soit, il importe de faire remarquer que le propriétaire sur le terrain duquel un tiers a fait des constructions avec ses propres matériaux, peut, suivant que le lui conseillent ses intérêts, opter entre les deux positions que lui fait l'article 555, en considérant comme étant de bonne foi le possesseur même de mauvaise foi.

D'une part, en effet, la loi présume la bonne foi (article 2268 du C. Nap.), et, d'autre part, le possesseur ne serait pas admis à se prévaloir de sa mauvaise foi pour échapper à la condition qui lui serait faite.

Mais il est maintenant bien entendu que, quand le propriétaire considère ainsi comme étant de bonne foi le possesseur même de mauvaise foi, il renonce par là au droit de lui demander compte des fruits perçus (v. dans ce sens MM. Duranton, t. IV, n° 379; Ducaurroy, Bonnier et Roustain, t. II, n° 112; Demolombe, n° 676).

A quelle époque faut-il se placer pour apprécier si le

constructeur est de bonne ou de mauvaise foi? On est généralement d'accord pour décider que c'est à l'époque où les travaux ont été faits que l'on doit se reporter, et qu'il y a lieu à cet égard de faire abstraction du temps antérieur ou postérieur à ces travaux. C'était aussi l'opinion de Pothier, *propr.*, n° 351 ; c'est celle de M. Demolombe, n° 677.

On a remarqué que le texte de l'art. 555, en réglant les rapports entre le propriétaire du sol et les tiers qui ont fait les constructions ou ouvrages, suppose que le tiers possédait le fonds sur lequel se sont élevées les constructions, et qu'il y a employé ses propres matériaux. Mais il n'est point douteux, par identité de motifs, que le cas où le tiers aurait fait les constructions, non plus avec ses propres matériaux, mais avec des matériaux appartenant à autrui, ne doive aussi être régi par l'art. 555. (Conf. MM. Marcadé sur l'art. 555, n° 7 ; Demolombe, n° 678.)

De même, il faudrait encore appliquer l'art. 555 au cas où le tiers, qui a exécuté les travaux, n'était pas en possession du fonds, soit que le fonds fût possédé par le propriétaire, soit qu'il fût possédé par une autre personne. Dans cette dernière hypothèse, la position du constructeur serait déterminée vis-à-vis du propriétaire, par sa bonne ou sa mauvaise foi personnelle, à l'époque des travaux, et non par la bonne ou la mauvaise foi du tiers qui possède le fonds.

Le propriétaire du sol, lorsqu'il se trouve en face d'un possesseur de mauvaise foi, peut réclamer sans doute les fruits naturels et civils produits par les travaux, constructions ou plantations, que ce possesseur a fait exécuter. Mais alors ne doit-il pas, de son côté, les intérêts de la somme que ces travaux ont coûté au possesseur, à compter du jour où il l'a déboursée? M. Demolombe admet l'affirmative.

Nous n'élèverons pas contre cette solution l'objection que les intérêts d'une somme ne sont dûs au créancier qu'en vertu d'une demande en justice, lorsque la loi ne les fait pas courir de plein droit, art. 1153 du C. Nap.; car, ainsi que l'a fait remarquer M. Demolombe, il ne s'agit pas ici, à vrai dire, des intérêts proprement dits que réclamerait un créancier, mais bien du réglement d'une indemnité due au possesseur même de mauvaise foi; de telle sorte que tout se réduit à admettre en dépense les intérêts des sommes déboursées par le possesseur, comme ***déduction corrélative*** des fruits, loyers et fermages que le propriétaire retire des travaux exécutés sur son fonds.

Mais nous dirons que cette décision ne peut guère se concilier avec l'art. 547 du Code Napoléon. En effet, aux termes de cet article, le propriétaire du sol a acquis par accession les fruits naturels ou civils provenant des constructions, plantations et ouvrages, puisqu'en définitive ces fruits ont été produits par l'immeuble dont ces travaux sont devenus partie intégrante; or, ce serait le forcer indirectement à les restituer, et par suite violer l'art. 547 et même l'art. 549 que de mettre à sa charge une compensation, sous forme d'intérêt, au profit du possesseur de mauvaise foi.

Une autre question est celle de savoir si, lorsqu'il y a lieu d'indemniser le possesseur de bonne foi, pour les travaux exécutés sur le fonds d'autrui, sur le pied de la plus-value, la somme qui lui est ainsi allouée doit être diminuée jusqu'à concurrence de la valeur des fruits qu'il a perçus.

L'affirmative, admise en droit romain, était également enseignée par Pothier, *de la propr.*, n°s 343 et 349. Mais cette opinion ne saurait être aujourd'hui adoptée. En effet, l'art. 549 du C. Nap., et même l'art. 555 du même Code, attribuent au possesseur de bonne foi la propriété des fruits perçus : or, ne serait-ce pas rendre cette disposition illusoire que de mettre indirectement à la charge du possesseur de bonne foi la restitution des fruits, sous forme d'imputation sur la somme qui lui est allouée pour les travaux qu'il a exécutés?

D'ailleurs, suivant la juste observation de M. Demolombe,

n° 680, la présomption sur laquelle est fondée l'art. 549 précité, à savoir, que le possesseur a dépensé les revenus, de telle sorte qu'il serait injuste de le forcer à entamer son propre patrimoine pour les restituer lorsqu'il est de bonne foi, ne cesse pas d'exister lors même que le possesseur a fait des travaux qui, n'étant pas considérés comme charge des fruits, doivent dès lors être réputés avoir été payés par lui avec ses capitaux.

Il y a donc même motif pour appliquer ici l'art. 549, et, par suite, pour repousser l'imputation que l'on voudrait faire au possesseur de bonne foi, de la valeur des fruits perçus sur l'indemnité qui doit lui être payée par le propriétaire. (V. dans ce sens MM. Delvincourt, t. II, p. 3, note 5; Duranton, t. IV, n° 377; Demolombe, n° 680.)

M. Marcadé, sur l'art. 555, n° 3, admet aussi cette opinion; mais toutefois il la modifie pour le cas où il serait établi, en fait, que le possesseur de bonne foi, sans faire pour lui plus de dépenses que s'il n'avait pas recueilli les fruits, ne s'est servi de ces fruits que pour construire ou planter, parce qu'alors les ouvrages ne sont vraiment que la représentation des fruits exclusivement employés à cet objet. Mais, d'abord, ce serait là subordonner la question d'imputation des fruits, pour l'indemnité à allouer au possesseur de bonne foi, à des recherches et à des contestations pleines de difficultés; et, d'un autre côté, cet amendement ne peut être admis, parce qu'il est contraire au texte même de la loi qui attribue, d'une manière absolue et sans distinction, les fruits perçus de bonne foi au possesseur.

Dans l'ancienne jurisprudence, le tiers possesseur, à qui il était dû indemnité pour les travaux exécutés sur le fonds d'autrui, pouvait *jure quodam pignoris* retenir la possession et le fonds jusqu'à ce qu'il eût été remboursé (v. Pothier, *de la propr.*, n° 537). — Cette doctrine du droit de rétention doit-elle être aujourd'hui admise?

L'affirmative est généralement enseignée : seulement un

certain nombre d'auteurs n'accordent le droit de rétention qu'au possesseur de bonne foi, à l'exclusion du possesseur de mauvaise foi. (v. MM. Toullier, t. III, n° 130, et t. XIV, n° 327; Duranton, t. IV, n° 382; Troplong, *des priv. et hypoth.*, t. I, n°s 260 et suiv.)

Mais d'autres auteurs font jouir de cette prérogative tout tiers possesseur qui a exécuté les travaux, indépendamment de sa bonne ou de sa mauvaise foi (v. MM. Zachariæ, t. I, p. 370; Marcadé, t. II, art. 555, n° 5; Demolombe, n° 682).

Cette dernière opinion est aussi celle que nous adoptons.

Le législateur, dans plusieurs textes, consacre d'une manière implicite le principe d'équité, que, lorsque deux personnes se trouvent respectivement obligées, à raison d'un même objet dont l'une d'elles est en possession et qu'elle doit livrer ou restituer, le droit de rétention doit exister au profit du détenteur.

Il est vrai que, dans le cas des contrats synallagmatiques, ces obligations mutuelles, relatives au même objet, ont une origine commune et procèdent du même fait (v. C. Nap., art. 1184, 1612, 1654); et que, dans le cas du tiers possesseur qui a exécuté des travaux sur l'immeuble, cette dernière circonstance ne se présente pas ainsi. Le propriétaire du sol et le tiers possesseur sont bien obligés l'un envers l'autre, à raison du même objet, l'immeuble : mais ces deux obligations n'ont pas une origine commune et ne procèdent pas du même fait; il est certain que les parties n'ont pas elles-mêmes accepté, ni expressément, ni tacitement, la situation où elles se trouvent. Par exemple, le propriétaire de l'immeuble pourrait très-bien dire que, s'il est obligé envers celui qui possède son immeuble, c'est à son insu, sans l'avoir voulu, et même contre son gré.

Mais il importe peu que l'une des circonstances dans lesquelles se produit le droit de rétention, lorsqu'il s'agit des contrats synallagmatiques, manque dans notre hypothèse. Elle manque également, par exemple, en matière de dépôt, où cependant le droit de rétention est admis au profit du dépositaire jusqu'au paiement de ce qui peut lui être dû à raison du dépôt (v. C. Nap., art. 1948). Les art. 867, 1673, 1749 du C. Nap. offriraient, au besoin, d'autres exemples de cas où naît le droit de rétention, sans que les obligations corrélatives aient une origine commune.

Les motifs d'équité qui ont fait admettre le droit de rétention dans les cas que l'on vient de citer doivent faire accorder aussi ce droit au tiers possesseur dont il est question dans l'art. 555, ce tiers possesseur fût-il même de mauvaise foi. Cette dernière circonstance, en effet, rend déjà, sous d'autres rapports, ainsi qu'on l'a vu, sa condition assez dure, sans qu'on doive encore, en le dépouillant ici de la garantie du droit de rétention, le mettre complètement à la merci du propriétaire. Pour trancher la question, il faut s'en référer à la maxime que *nul ne peut s'enrichir injustement au détriment d'autrui.*

Cependant il se pourrait, par exemple, que la plus-value résultant des travaux qui ont été faits par le possesseur de bonne foi fût tellement considérable que le maître du sol se trouvât hors d'état de la payer. Que faire si cette circonstance se présente? le dispensera-t-on de payer une indemnité? mais alors il s'enrichira aux dépens du constructeur! Forcera-t-on le constructeur à détruire ses travaux et à rétablir les lieux dans leur état primitif? mais alors on l'assimile au constructeur de mauvaise foi! Lui concédera-t-on, à ce constructeur, la faculté de garder éternellement l'immeuble en vertu de son droit de rétention? cela ne se peut pas. En présence de cette difficulté, Pothier avait imaginé un moyen ingénieux de régler ce conflit : le propriétaire du sol le reprenait après s'être constitué, envers le constructeur, débiteur d'une rente dont les arrérages étaient l'équivalent des revenus que pouvait produire, par chaque année, la plus-value dont il bénéficiait. Cet arrangement est trop équitable pour qu'on n'en fasse pas l'application à une matière qui est toute d'équité. (M. Bugnet sur Poth., IX, p. 226.)

Pothier ajoutait que cette rente était garantie par un *privilége* sur l'immeuble amélioré ; ce privilége remplaçait le droit de rétention accordé au possesseur pour sûreté du remboursement des dépenses utiles ou nécessaires qu'il avait faites sur l'immeuble. En droit français maintenant, ce privilége ne saurait être admis, car il ne résulte d'aucun texte de la loi, et la matière des priviléges est de droit étroit ; mais on pourrait le remplacer par une hypothèque que le propriétaire serait condamné à donner avant de rentrer en possession de son immeuble. Toutefois, cette théorie ne peut être suivie que par ceux qui admettent que le constructeur a un droit de rétention pour la sûreté de ses impenses. Dans le système contraire, le constructeur devrait, dans notre espèce, se contenter d'une vente chirographaire.

Le droit de rétention est tout-à-fait distinct du privilége et de l'hypothèque : il en diffère sous plusieurs rapports essentiels : d'abord, il ne donne pas un droit de préférence sur le prix de la chose, mais seulement le droit de la posséder, et de ne s'en dessaisir qu'après paiement : ce qui oblige ordinairement les créanciers hypothécaires ou privilégiés à désintéresser le détenteur, afin de pouvoir exercer leurs droits. Sous ce rapport, le droit de rétention l'emporte sur les priviléges et hypothèques. Mais il leur est inférieur en ce qu'il ne se maintient que par la possession de la chose, et ne donne pas le droit de suite. Il n'a pas besoin d'être inscrit : le fait même de la possession sur laquelle il se fonde avertit suffisamment les tiers. Le droit de rétention se rapproche beaucoup du gage, mais il a moins d'étendue : car le créancier gagiste, outre le droit de *retenir* la chose, a celui de faire ordonner qu'elle lui demeurera en paiement (C. Nap., art. 2078). Enfin le créancier qui exerce le droit de rétention est assujetti, pour la conservation de la chose, aux mêmes soins et à la même responsabilité que le créancier gagiste.

Quant à la nature des travaux à raison desquels l'art. 555 règle les droits et les rapports du propriétaire et du tiers possesseur, notons tout d'abord que la loi s'applique sans aucune espèce de difficulté à des travaux nouveaux, ne se rattachant pas à des ouvrages préexistants. Que, si l'on suppose maintenant qu'il s'agisse de réparations nécessaires faites par le tiers possesseur à des ouvrages préexistants (et il faut entendre par réparations nécessaires celles sans lesquelles l'immeuble eût péri ou se fût détérioré), l'on ne se trouve plus sous l'empire de l'art. 555. C'est alors le cas d'appliquer les principes du quasi-contrat de gestion d'affaires, d'après lesquels indemnité est due au possesseur, sans qu'il y ait lieu de distinguer entre le possesseur de bonne foi et le possesseur de mauvaise foi (art. 1381), et sans que le propriétaire du sol puisse jamais forcer celui-ci à enlever ses matériaux.

Pothier (*de la propr.*, n° 344) faisait même observer, à cet égard, « que le possesseur de mauvaise foi doit aussi coucher, dans le chapitre du compte de dépense, les frais de réparation, d'entretien, puisqu'il rend les fruits et que les réparations sont une charge des fruits. »

Il semble que, logiquement, il doive suivre, de l'application que nous faisons ici des principes du quasi-contrat de gestion d'affaires au réglement de l'indemnité due au possesseur pour les réparations nécessaires faites à l'immeuble, que cette indemnité ne devrait pas moins lui être payée, alors même que l'ouvrage réparé aurait péri au moment où le propriétaire reprend son immeuble, si cette perte ne pouvait lui être imputée.

En général, pour apprécier si un acte de gestion a été utile, on le considère à l'époque où il a eu lieu. Si, en effet, à cette époque, la gestion a été bien faite ; si, par exemple, la réparation était nécessaire, le maître de la chose est dès ce moment obligé, et la perte ultérieure, par cas fortuit, de l'ouvrage réparé, ne saurait avoir pour résultat de le libérer envers le gérant des avances faites par celui-ci. Il en est ainsi pour un tuteur à l'égard des biens du mineur, pour un mari à l'égard des biens de sa femme, et plus généralement pour un mandataire ou un gérant d'affaires. — La décision qui condamnerait le propriétaire à payer une indemnité au possesseur pour les réparations nécessaires qu'il a faites, alors même que l'immeuble aurait péri au moment où le propriétaire le reprend, cette décision, dis-je, serait donc logique, et se déduirait parfaitement des principes de la gestion d'affaires que l'on invoque.

Mais si cette décision est logique, elle est bien dure, trop dure peut-être pour le propriétaire; aussi n'est-elle pas adoptée par M. Demolombe, n° 687, qui distingue ici les effets légaux du quasi-contrat de ceux de la gestion d'affaires. « Dans notre hypothèse, » dit l'auteur que je viens de citer, « le tiers possesseur a fait faire les réparations sur une chose » qu'il regardait comme la sienne; il les a donc fait faire » pour lui, dans son intérêt. Dès lors, l'unique obligation » du propriétaire, qui reprend sa chose, ne se borne-t-elle » pas à ne pas s'enrichir aux dépens de ce possesseur; or, » il ne s'enrichit de rien, par suite de réparations faites sur » un ouvrage qui n'existe plus. »

La loi romaine faisait, sur cette question, une différence entre le possesseur de bonne foi et le possesseur de mauvaise foi, et elle n'avait peut-être pas tort : « *Planè potest in eâ differentiâ esse, ut bonæ fidei quidem possessor omnimodò impensas deducat, licet res non exstet, in quam fecit, sicut tutor, vel curator consequuntur : prædo autem non aliter quàm si res melior sit.* » (L. 38, ff., *Dè hæred. pet.*)

L'article 555, par l'alternative qu'il pose au propriétaire du sol lorsque celui-ci se trouve en présence d'un possesseur de mauvaise foi, paraissant supposer qu'il s'agit de travaux susceptibles d'être *enlevés*, que devra-t-on décider s'il s'agit, au contraire, de travaux qui ne sont pas susceptibles d'être enlevés, comme, par exemple, si le tiers possesseur a desséché un marais, a défriché des landes, a fait faire des peintures ou poser des papiers dans les appartements d'une maison?

Le propriétaire sera-t-il recevable à dire au possesseur, en invoquant l'article 555, d'enlever les travaux, ce qui, dans ce cas, équivaut à lui dire de les détruire?

On a soutenu l'affirmative en autorisant le possesseur de mauvaise foi à détruire les travaux dont il est question : c'est même, a-t-on dit, un moyen qu'aura le possesseur de mauvaise foi d'amener à un arrangement le propriétaire, et celui-ci ne peut d'ailleurs lui-même se plaindre, ni invoquer la maxime *malitiis non est indulgendum,* puisque, en se refusant à toute indemnité, il a lui-même fait, le premier, preuve de mauvaise volonté. Telle est, en particulier, l'opinion de MM. Ducaurroy, Bonnier et Roustain, t. II, n° 113, et telle est aussi celle que nous adoptons. Quelques personnes cependant sont d'un avis contraire, et parmi ces personnes M. Demolombe, qui nous paraît avoir donné au mot *enlevés*, de l'article 555, un sens restrictif et limité que, suivant nous, il n'a pas (v. t. IX, n° 689).

L'article 555, d'après son texte même, n'a en vue que le *tiers* qui, agissant pour son propre compte, a fait des constructions, plantations et ouvrages sur le fonds d'autrui dont il était en possession avec ou sans bonne foi.

Cet article 555 n'est donc pas applicable :

1° A celui qui, agissant au nom d'autrui, exécute des travaux sur un fonds qui ne lui appartient pas : c'est là le cas de la gestion d'affaires ou du mandat;

2° Au propriétaire, sous condition résolutoire qui, *pendente conditione*, a fait des impenses sur l'immeuble qu'il est ensuite obligé de restituer (v. C. Nap., art. 1178, 1183, 862, 1675);

3° Au tiers détenteur, relativement aux impenses qui ont eu pour objet l'immeuble hypothéqué (conf. MM. Demolombe, t. IX, n° 691 *bis;* Troplong, *privil. et hypoth.*, t. III, n° 868 *ter*);

4° A l'associé pour le recouvrement des impenses faites par lui sur un immeuble social (conf. Pothier, *du Contrat de société*, nos 126 et suiv.);

5° A l'un des co-propriétaires, pour le réglement des impenses qu'il a faites sur l'immeuble indivis.

Dans ces différentes hypothèses, et dans quelques autres qui pourront se présenter, l'article 555 ne saurait être invoqué pour régler les rapports respectifs des parties, surtout dans les dispositions qui confèrent au propriétaire le droit de demander l'enlèvement des ouvrages : ce ne sera du moins qu'eu égard aux circonstances, peu ordinaires alors, à titre de dommages-intérêts, et nullement par suite d'une application directe et immédiate de cet article, que cet enlèvement pourra bien rarement être ordonné par les tribunaux.

Le co-héritier qui, pendant l'indivision, a fait des travaux sur les immeubles héréditaires, a le droit de réclamer contre ses co-héritiers une indemnité pour ses impenses; mais ici ne s'applique pas non plus l'article 555 : la position de ce co-héritier, quant au remboursement de ce qui lui est dû pour ses avances, est réglée par les articles qui fixent les rapports entre co-héritiers (conf. M. Demolombe, n° 691 *bis*).

Mais que décider pour le cas où un propriétaire, élevant une construction sur son propre terrain, a empiété sur le fonds d'autrui, et a fait porter une partie de sa construction sur ce fonds? L'hypothèse est assez singulière, cependant elle peut se présenter.

Nous poserons, comme point de départ de la solution de cette question, qu'en vertu des principes de l'accession, et par application des articles 552 et 553 du C. Nap., le voisin sur le terrain duquel s'avance une portion de la construction est devenu propriétaire de cette portion : mais il n'a acquis cette propriété que sous l'obligation, aux termes de l'article 555, si le constructeur a été de bonne foi, de payer à ce dernier, soit le prix de la main-d'œuvre et la valeur des matériaux, soit la plus-value qui en est résultée pour son terrain : il a d'ailleurs le droit, si, au contraire, le constructeur est de mauvaise foi, d'exiger, à son gré, que ce constructeur enlève les matériaux, et rende libre son terrain. — De là il résulte, en admettant que le voisin ne prenne pas ce dernier parti, que la maison construite appartient à la fois et au constructeur et au voisin sur le terrain duquel a été commis l'empiètement; elle ne leur appartient pas par indivis, mais *pro certà regione*, c'est-à-dire divisément : il n'y a donc pas entre eux de licitation possible, et comme, d'autre part, le constructeur, qui est, nous le supposons, propriétaire de la plus grande partie de la maison, ne peut cependant exiger du voisin le sacrifice, moyennant indemnité, de la portion, quelque minime qu'elle soit, qui appartient à ce dernier, l'expropriation d'une propriété particulière n'étant admise que pour cause d'utilité publique, la question devient tout à fait délicate.

En droit, il me semble, quoique l'intérêt du constructeur puisse beaucoup en souffrir, s'il ne parvient pas à se mettre d'accord avec son voisin, il me semble, dis-je, que tout doit rester dans le *statu quo*, le constructeur et le voisin étant propriétaires chacun de leur portion de maison, le dernier moyennant indemnité. — Nous ne voyons pas, du moins, que les articles qui nous occupent puissent donner lieu à une autre interprétation, à moins qu'on ne dise qu'il appartiendra aux juges de constater que, dans l'intérêt même des parties, l'on ne peut porter atteinte à l'unité et à l'indivisibilité de la construction, et qu'il y a lieu de faire procéder à la vente simultanée des deux parties de cette construction pour le prix en être distribué proportionnellement entre le constructeur et le voisin.

Nous avons fait remarquer plus haut que l'art. 555 n'a en vue que les tiers possesseurs qui ont fait des constructions, plantations ou ouvrages sur le fonds d'autrui, avec leurs propres matériaux : mais, sous cette expression de tiers possesseurs, faut-il entendre ici même ceux qui ne possèdent pas *animo domini*, mais seulement à titre précaire, c'est-à-dire pour autrui, et dont il s'agit dans l'art. 2236 du C. Nap., comme le fermier, le locataire, l'usufruitier? — C'est là une question importante; car, si l'on décidait que l'art. 555 ne leur est pas applicable, il en résulterait qu'ils seraient obligés d'abandonner, *sans indemnité*, les plantations ou constructions par eux faites, qui appartiennent au propriétaire par droit d'accession. Nous allons examiner cette question en nous occupant, en premier lieu, du fermier ou du locataire, puis, en second lieu, de l'usufruitier. Nous croyons, en effet, qu'il faut distinguer, et que la décision ne doit pas être la même pour les deux cas.

Mais il nous paraît, avant tout, nécessaire de nous expliquer sur un argument qui a été déduit du texte même de l'art. 555, et en vertu duquel on enseigne que cet article n'est jamais applicable qu'à ceux qui possédaient le fonds d'autrui à titre de propriétaire.

On a invoqué, à l'appui de cette doctrine absolue, les mots qui commencent la dernière partie de notre article : « Néanmoins, si les plantations, constructions et ouvrages ont été faits *par un tiers évincé, qui n'aurait pas été condamné à la restitution des fruits, attendu sa bonne foi*...., etc. » ; et on en a conclu qu'il s'agissait aussi, par une sorte d'antithèse, dans la première partie de l'article, d'*un tiers évincé;* que telle était l'unique hypothèse prévue et régie par l'article tout entier, avec cette seule différence que la première partie supposait que le tiers évincé était de mauvaise foi, tandis que la seconde partie supposait qu'il était de bonne foi.

Or, a-t-on dit, ni le locataire, à l'expiration de son bail, ni l'usufruitier, à l'expiration de son usufruit, ne sont des *tiers évincés*; car ils ont eu qualité pour posséder l'immeuble et pour en jouir.

Donc l'art. 555 n'est pas applicable au fermier ni à l'usufruiter, qui sont, en effet, l'un et l'autre, étrangers à la possession proprement dite.

Voici ce que l'on peut répondre :

Il est vrai que la dernière partie de l'art. 555 s'occupe spécialement du tiers, qui possédait de bonne foi, à titre de propriétaire, le fonds d'autrui, et qui en a été ensuite évincé.

De là, sans doute, il est logique de conclure que la première partie s'occupe du tiers, qui possédait de mauvaise foi à titre de propriétaire.

Mais faut-il aller jusqu'à dire que cette première partie de l'art. 555 ne s'occupe exclusivement que de ce possesseur, et qu'elle ne s'applique dès-lors qu'à l'unique hypothèse d'un tiers qui possédait *à titre de propriétaire ?* Il nous semble que rien, dans le texte, n'autorise cette conclusion.

Que l'hypothèse d'un tiers, possédant, *animo domini*, un fonds appartenant à un autre, ait été le principal objet de la préoccupation du législateur dans cet article, cela est possible, et nous ne voulons pas le méconnaître.

Mais en fait, la première partie de l'art. 555 est conçue dans les termes les plus généraux et les plus absolus; elle ne s'occupe pas uniquement d'un possesseur de mauvaise foi; elle met en scène d'une part le *propriétaire du fonds,* et d'autre part les *tiers* en général, c'est-à-dire ceux qui, n'étant pas *propriétaires du fonds,* y ont fait des constructions et des plantations.

Nous croyons donc que le texte même de la loi, dans l'art. 555, peut comprendre le fermier ou le locataire, et même l'usufruitier, si d'ailleurs ces *tiers,* c'est-à-dire ces constructeurs et ces planteurs qui n'étaient pas *propriétaires* du fonds, sont fondés à invoquer, en leur faveur, l'application des principes d'équité sur lesquels repose l'art. 555, et s'il n'y a rien dans les principes particuliers du louage ou de l'usufruit qui y fasse obstacle.

C'est là maintenant ce que nous devons rechercher.

Or, pour ce qui regarde d'abord le locataire ou le fermier, l'équité milite manifestement en leur faveur, lorsqu'ils demandent au propriétaire de leur rembourser le prix de la main-d'œuvre et des matériaux, ou de souffrir qu'ils enlèvent les constructions.

Aussi le droit romain accordait-il lui-même le droit d'enlèvement au locataire. (L. 19, § 4, ff., *locat. cond.*)

Notre ancien droit français avait également suivi la même doctrine. (Pothier, *du Contrat de louage*, n° 131.) — Et il serait difficile de comprendre qu'il en fût autrement sous notre droit moderne, qui s'est montré, au contraire, beaucoup plus favorable aux tiers constructeurs et planteurs, que ne l'étaient les lois romaines et notre ancienne jurisprudence.

Maintenant le fermier ou le locataire peuvent, en outre, fortifier ces différentes considérations en invoquant un texte du titre même du *Louage*, celui de l'art. 1730 qui ne les astreint, en définitive, qu'à rendre la chose telle qu'ils l'ont reçue, et nullement à enrichir le propriétaire en la lui rendant améliorée et augmentée (v. M. Demolombe, n° 693).

Il est bien entendu que nous supposons, dans ce qui précède, que le fermier ou le locataire a fait sur le fonds d'autrui les ouvrages dont il est question dans l'art. 555, c'est-à-dire des constructions ou plantations qui soient susceptibles d'enlèvement.

Ainsi, s'il s'agissait d'objets mobiliers que le fermier ou le locataire aurait placés sur le fonds, et qui ne seraient pas devenus immeubles par destination, nul doute que ce fermier ou ce locataire ne pût les enlever, et que le propriétaire ne fût sans droit pour les retenir, même en offrant de les payer.

Nous n'appliquerions pas non plus la solution qui précède au cas où les travaux auraient été exécutés par le fermier ou le locataire, en vertu d'une clause portée dans le contrat de bail ou avec le consentement postérieur du propriétaire. En pareil cas, la convention formerait la loi des parties.

Mais en principe, et comme règle générale, nous disons que l'art. 555 est applicable au fermier ou au locataire qui a fait des constructions ou plantations sur le fonds d'autrui.

Maintenant, comme nous l'avons vu, la position du propriétaire est différente selon qu'il se trouve en présence d'un tiers possesseur de bonne ou de mauvaise foi. — Devrait-on considérer le locataire ou le fermier comme étant de bonne foi ou comme étant de mauvaise foi? Si on les assimile au possesseur de bonne foi comme on le fait généralement, il en résulterait que le propriétaire ne pourrait demander la suppression des ouvrages ou plantations, et qu'il n'aurait le choix que de payer, soit la plus value, soit ce qui a été déboursé pour les améliorations; mais il nous semble que la position du fermier ou du locataire doit plutôt être assimilée à celle du possesseur de mauvaise foi. Car, en fait, il est certain que jamais ni un fermier ni un locataire ne peuvent dire qu'ils étaient de bonne foi lorsqu'ils ont fait les plantations ou les constructions sans en prévenir le propriétaire, et qu'ils supposaient que ces plantations ou ces constructions pourraient leur appartenir *in perpetuum*. Ainsi, le propriétaire pourrait exiger l'enlèvement des travaux, ou payer seulement le prix des matériaux et de la main-d'œuvre.

Quant à la question de savoir si l'art. 555 est applicable aux constructions et plantations faites par l'*usufruitier*, elle est encore plus délicate et plus débattue que celle que je viens d'examiner.

Nous pensons qu'il faut adopter, à l'égard de l'usufruitier, l'opinion inverse de celle que nous venons d'émettre relativement au fermier ou au locataire. Ce n'est pas que l'équité ne milite aussi en faveur de l'usufruitier, mais il y a contre lui un article spécial à l'usufruit, l'art. 599, qui nous paraît exclure formellement l'application de l'art. 555.

Voici les principales raisons que l'on peut invoquer en

faveur de l'opinion que j'émets, à savoir : que les constructions faites par l'usufruitier sont régies non pas par l'art. 555, mais par l'art. 599, et qu'en conséquence le propriétaire a le droit de les garder sans rien payer à l'usufruitier.

1° L'art. 599 pose la règle que l'usufruitier ne peut, à la fin de l'usufruit, réclamer aucune indemnité pour les *améliorations* qu'il prétend avoir faites, encore que la chose en soit augmentée. Le mot *améliorations* a, dans la langue du droit, un sens absolu, général, applicable aux constructions comme à tous autres ouvrages propres à augmenter la valeur d'une chose ; donc la règle de l'art. 599 est *générale ;* donc elle régit les constructions comme elle régit les dépenses de toute autre nature faites par l'usufruitier.

Le mot *améliorations*, ai-je dit, a dans notre droit un sens général ; cela résulte, en effet, de la loi même ; car lorsqu'on veut prouver qu'une hypothèque acquise sur un terrain s'étend sur des constructions que le propriétaire y a faites depuis, on invoque l'art. 2133, aux termes duquel « l'hypothèque acquise s'étend à toutes les *améliorations* survenues à l'immeuble hypothéqué. » (Comp. encore dans ce sens les art. 861, 1634, 2175 C. Nap.) J'ajoute que Pothier, qui suivait aussi le principe que l'usufruitier n'a droit à aucune indemnité pour les *améliorations* provenant de ses dépenses, mettait précisément en première ligne les *constructions* parmi les *améliorations*.

2° En droit romain (L. 15, *pr. o. de usuf.*) et dans notre ancienne jurisprudence (Pothier, *Traité du Douaire*, n° 276), l'usufruitier ne pouvait réclamer aucune indemnité pour les constructions ou autres améliorations qui venaient de lui ; or, les termes absolus de l'art. 599, loin d'indiquer une innovation, montrent clairement, au contraire, qu'on est resté dans les anciens principes.

3° Si le propriétaire qui profite des constructions s'enrichit aux dépens de l'usufruitier, ce n'est pas injustement, *cum injuriâ*. L'usufruitier a-t-il fait des constructions peu importantes? a-t-il, par exemple, construit un hangar ou une remise dans la cour des bâtiments sujets à l'usufruit? Y a-t-il ajouté une petite chambre, une cuisine? Les avantages qu'il a retirés de ces améliorations ont alors compensé ce qu'elles lui ont coûté.

Les constructions sont-elles plus importantes? a-t-il, par exemple, bâti une maison? il n'est pas, même dans ce cas, en droit de se plaindre; il savait, en effet, qu'il n'avait aucun espoir d'acquérir la propriété par la prescription, puisque les usufruitiers ne prescrivent point, par quelque laps de temps que ce soit (art. 2236); si donc il a bâti sur le terrain qu'il devait certainement rendre, c'est qu'évidemment il a voulu l'une de ces deux choses, ou faire une *donation*, et alors c'est par l'effet même de sa volonté qu'il se trouve dépouillé, ou jouer un mauvais tour au propriétaire, et c'est alors le cas de dire : *Qui damnum suâ culpâ sentit, sentire non videtur.*

Or, il n'en est pas de même du possesseur de mauvaise foi; on ne peut ni lui supposer l'*animum donandi*, ni l'intention de jouer un mauvais tour au propriétaire; car, ayant l'espoir de prescrire, il est plus naturel de supposer que, s'il a bâti sur le terrain qu'il savait être à autrui, c'est qu'il a espéré en acquérir la propriété.

4° L'art. 599 a eu pour objet de couper court aux difficultés que ferait naître le règlement de l'indemnité à payer, si le propriétaire était obligé de tenir compte des améliorations dont il profite. C'est dans le même but que l'art. 585 accorde à l'usufruitier le droit d'acquérir les fruits pendants par branches et par racines au moment où l'usufruit a été constitué, et au propriétaire le droit de recueillir les fruits qui sont dans le même état au moment où l'usufruit prend fin, sans récompense de part ni d'autre des semences et labours. Or, si l'usufruitier avait le droit de réclamer une indemnité pour les constructions qui, à raison de leur importance, semblent dépasser les bornes d'une simple *amélioration*, le but de la loi serait manqué ; car cette distinction serait souvent plus difficile à faire que le règlement de l'indemnité.

5° Le résultat pourra, dans quelques cas extraordinaires, être désastreux pour l'usufruitier ; mais il ne devra s'en prendre qu'à lui. Pourquoi faisait-il élever des constructions considérables sur un fonds dont il savait, à n'en pas douter, qu'il allait être dépouillé tout-à-l'heure ? — Et d'ailleurs il n'est pas de règle qui, arrivée à ses limites extrêmes, n'ait quelque inconvénient.

6° Si l'usufruitier peut enlever les glaces, les tableaux et les autres ornements qu'il a placés dans les bâtiments, c'est que, les ayant attachés à un immeuble qu'il ne détient que *temporairement,* il est impossible de supposer qu'il les ait établis *à perpétuelle demeure,* ce qui fait qu'ils conservent leur nature de *meubles,* et sont par conséquent distincts de l'immeuble auquel ils adhèrent. Il n'en est pas de même des constructions ; elles sont *immeubles par nature,* quelle que soit la qualité de la personne qui les a faites ou ordonnées : dès-lors, elles se confondent avec le sol et ne font avec lui qu'une seule et même chose.

7° Ainsi, en ce qui concerne le droit d'enlèvement, l'article 599 ne l'accorde, comme Pothier lui-même, à l'usufruitier, que pour ceux des objets qui ne sont pas devenus immeubles par leur nature, et qui, ayant été placés par l'usufruitier, n'ont pu devenir immeubles par destination. Or, si on avait voulu lui concéder le droit d'enlever les constructions, il était, certes, plus nécessaire de s'en expliquer que pour ce qui concerne les glaces et les tableaux. Donc l'article 599, qui, dans son troisième alinéa, lui permet seulement d'enlever ces sortes d'objets, sans rien diredes constructions, a évidemment compris les constructions dans son second alinéa, sous le nom d'*améliorations,* pour lesquelles l'usufruitier n'a ni le droit d'indemnité, ni le droit d'enlèvement.

On pourrait peut-être ajouter encore que très-souvent l'usufruitier et le nu-propriétaire sont unis par des liens de famille très-étroits, et que cette circonstance pourra souvent rendre la doctrine que nous adoptons moins dure et moins fâcheuse dans l'application et dans la pratique. (Dans notre sens : MM. Toullier, t. III, n° 427 ; Proudhon, *de l'usufruit*, t. III, n° 1441 ; Bugnet, sur Pothier, t. VI, p. 439 ; Ducaurroy, Bonnier et Roustain, sur l'article 599, t. II, n°s 190, 192. Dans le sens contraire : MM. Duranton, t. IV, n° 379 et 380 ; Marcadé, sur l'article 555 ; Duvergier, sur Toullier, t. II, p. 172, en note ; Demolombe, t. IX, n° 696 ; Valette, à son cours.)

Section II.

DU DROIT D'ACCESSION RELATIVEMENT AUX ACCROISSEMENTS QUI PEUVENT RÉSULTER POUR LE SOL DU VOISINAGE D'UN COURS D'EAU : ALLUVIONS OU ATTERRISSEMENTS, ÎLES ET ILOTS, LIT ABANDONNÉ, ETC.

Les accroissements dont nous avons à nous occuper ici peuvent consister, pour le fonds riverain, dans l'accession d'alluvions ou atterrissements, d'îles et îlots, du lit abandonné d'un cours d'eau. Après avoir tout d'abord étudié ces cas d'accession immobilière, et en avoir rapproché les cas d'avulsion et d'inondation, nous terminerons cette seconde section par l'examen du mode de partage des divers accroissements dus au voisinage des cours d'eau.

§ 1. — *Alluvions et atterrissements.*

L'art. 556 du C. Nap. comprend sous la dénomination générale d'*alluvion* « les atterrissements et accroissements qui se forment successivement et imperceptiblement aux fonds riverains d'un fleuve ou d'une rivière... » ce qui n'est que la traduction de la définition romaine : *Alluvio est incrementum latens quod agro ità adjicitur, ut non possit intelligi quantùm, quoquo temporis momento, adjiciatur* (Inst. *de rer. div.*, § 20). De plus, le Code Napoléon, art. 557, assimile aux atterrissements et accroissements que l'on vient de spécifier les *relais* que forme l'eau courante, en se retirant insensiblement de l'une de ses rives, et en se portant sur l'autre.

Il semble, d'après ce qui précède, que le législateur n'établit aucune différence dans la signification des mots *alluvion* et *atterrissement*. Notons, toutefois, que, dans la pratique, on donne plus particulièrement le nom d'atterrissement à des accroissements rapides et considérables, faciles à apprécier, comme dans le cas prévu par l'art. 559 du C. Nap. Ce mot *atterrissement* est, au reste, générique et s'applique à tout amas de terre qui peut se former dans un cours d'eau : l'alluvion est l'espèce d'atterrissement qui, comme on vient de le dire, s'est formé successivement et imperceptiblement le long de la rive d'un cours d'eau : tous les atterrissements, ainsi que nous le verrons, ne sont pas gouvernés par les mêmes règles (conf. M. Demolombe, t. X, n° 6).

« L'alluvion, porte le § 2 de l'art. 556 du C. Nap. précité, profite au propriétaire riverain, soit qu'il s'agisse d'un fleuve ou d'une rivière navigable, flottable ou non ; à la charge, dans le premier cas, de laisser le marchepied ou chemin de halage, conformément aux règlements. » Cette attribution de propriété aux riverains avait aussi lieu en droit romain : *Quod per alluvionem agro nostro flumen adjicit, jure gentium nobis acquiritur,* lit-on dans la loi 7, § 1, *de acq. rer. dom.*

Ainsi, suivant la situation qu'occupe tel ou tel héritage dont on est propriétaire, non-seulement on jouit des avantages ordinaires et effectifs qu'il est de la nature du droit de propriété de conférer, mais encore, en raison d'une propriété déjà acquise et préexistante, on possède une aptitude à acquérir une propriété nouvelle.

« Les alluvions doivent appartenir au propriétaire riverain, » dit M. Portalis, dans son exposé des motifs, « par » cette maxime naturelle que le profit appartient à celui qui

» est exposé à souffrir le dommage dont les propriétés rive-
» raines sont menacées plus qu'aucune autre. Il existe, pour
» ainsi dire, une sorte de contrat aléatoire entre le proprié-
» taire du fonds riverain et la nature, dont la marche peut
» à chaque instant ravager ou accroître ce fonds. »

Ajoutons, à l'appui du droit d'alluvion, cet excellent motif qui a été emprunté par Pothier (*dom. de propr.*, n° 157) aux jurisconsultes romains, à savoir que les propriétaires des champs d'où la rivière a détaché les terres d'alluvion pour les charroyer et les unir au champ riverain, ne peuvent les revendiquer, parce que l'accroissement qui en résulte s'est fait d'une manière imperceptible. — L'acquisition des accroissements par droit d'accession ne se réalise donc, en quelque sorte, que *defectu juris alieni.*

Subsidiairement, l'on peut encore expliquer cette acquisition de propriété par les riverains, en faisant observer que, comme il n'est question ici que d'accrues qui, par leur nature même, ont mis beaucoup de temps à se former, les propriétaires des fonds, d'où l'eau a détaché les terres d'alluvion, n'ont éprouvé de dommage sensible qu'après une longue période : ils auraient donc pu s'en préserver en entretenant et en réparant leurs rives, sans y faire d'ailleurs de ces travaux extraordinairement dispendieux qu'on ne saurait exiger d'eux : « *Quoniàm silicet*, dit le jurisconsulte Cassius, *ripam suam, sine alterius damno, quis tueri debet.* »

Ce n'est pas, au surplus, de ces corrosions lentes et imperceptibles de leurs terrains par l'eau d'une rivière que les propriétaires éprouvent un dommage bien sensible et bien fréquent : pour voir naître ce dommage, dont ils ne sont que trop souvent victimes, il faut se placer en présence d'un cas qui n'est pas celui prévu par l'art. 556 précité, le cas de ces crues excessives et subites qui, faisant déborder les eaux d'une rivière, les portent violemment sur les fonds voisins et les bouleversent, sans qu'il soit possible d'opposer ici aux réclamations ou aux doléances des propriétaires la raison que fait valoir le jurisconsulte Cassius, quand il ne s'agit que de leur dénier tout droit aux atterrissements qu'une rivière, par l'action insensible de son courant, a, peu à peu et après un long temps, détachés de leurs fonds. (Conf. M. Demolombe, n° 10.)

Nous savons déjà que l'alluvion est l'accroissement qui se forme le long de la rive d'un cours d'eau *successivement* et *imperceptiblement;* si ces deux conditions ne se rencontraient pas, ce ne serait plus l'art. 556 qu'il nous faudrait appliquer.

Une autre condition à laquelle est subordonnée l'acquisition d'un atterrissement par un propriétaire riverain, est que cet atterrissement soit *contigu* à son fonds, la simple *proximité* ne suffisant que lorsqu'il s'agit d'îles.

Il a été jugé que l'alluvion profite au propriétaire riverain, lors même que ses propriétés sont closes de murs du côté de la rivière (Nancy, 31 mai 1842).

On pourrait contester cette décision en objectant que le bénéfice de l'alluvion n'est attribué au propriétaire riverain que comme restitution des pertes que l'eau avait pu lui faire éprouver, et qu'il est certain, dans l'espèce, qu'il n'a éprouvé aucune perte, tant que les limites, attestées par les murs, n'ont pas été entamées : mais nous la croyons néanmoins conforme à la loi, puisque, dans l'espèce, l'héritage, quoique clos de murs du côté de la rivière, n'en est pas moins riverain, et contigu à cette rivière, et que, d'autre part, ce n'est pas seulement comme indemnité de pertes déjà éprouvées, mais bien comme compensation d'un dommage éventuel possible, que le bénéfice de l'alluvion a été accordé par le législateur au propriétaire riverain.

Ajoutons, pour montrer tout ce que contient cette décision, que si, le long d'un fleuve, il existait des roches ou des falaises, cette circonstance n'empêcherait pas le propriétaire de l'héritage situé au-dessus de la falaise de profiter de l'alluvion.

Et, en effet, d'une part cette falaise, qui peut être minée par le fleuve, ne le met pas à l'abri des éboulements, et, par suite, de dommages éventuels dont le bénéfice de l'alluvion n'est que la compensation ; et, d'autre part, rien, dans le texte de la loi, n'autorise à subordonner le droit de profiter des atterrissements à la circonstance que le fonds doit être *de niveau* avec le cours du fleuve : il suffit que ce fonds soit riverain et contigu.

Il est d'ailleurs sans difficulté que si le fonds riverain n'était séparé de l'alluvion ou atterrissement formé sur les bords du fleuve que par un chemin privé, appartenant au propriétaire du fonds, cette circonstance n'empêcherait pas qu'il n'y eût contiguité dans le sens de la loi, et, par suite, acquisition de l'alluvion, en vertu de l'accession, par le propriétaire de l'héritage.

Mais que décider si le fonds se trouvait séparé du fleuve par un chemin public ? C'est ce que nous allons voir dans un instant.

Notons seulement, en passant, que, lorsqu'un propriétaire soutient que des atterrissements présentent tous les caractères exigés par la loi, et font partie de son héritage, à titre d'accession, il soulève une question de propriété qui, par sa nature elle-même, est du domaine de l'autorité judiciaire. Cette même observation s'applique, une fois pour toutes, au cas où il s'agirait de réclamations relatives à des relais fluviatiles, aux îles et îlots, au lit abandonné, en un mot, à toute espèce d'accession immobilière, soit que le débat s'engage entre des particuliers, soit qu'il se poursuive entre un particulier et l'Etat.

Revenons à la question que nous avons indiquée tout-à-l'heure : *quid* des atterrissements qui se trouveraient séparés des héritages privés par de grandes routes ou des chemins publics ? — Ces atterrissements appartiendraient à l'État, à l'exclusion des particuliers. En effet, l'art. 556 du C. Nap. n'accorde, ainsi qu'on l'a vu, l'alluvion qu'au propriétaire riverain : or, ici, le propriétaire, c'est l'État.

Vainement objecterait-on qu'il est présumable que le chemin a été originairement pris sur l'héritage contigu; il suffit que ce chemin soit aujourd'hui propriété du domaine pour qu'il y ait lieu d'admettre la conséquence qui se déduit irrésistiblement du texte même de la loi. Et ce qui confirme cette solution, c'est que l'État, et non plus comme autrefois les riverains, étant chargé de l'établissement ou de la réparation des routes qui seraient emportées ou dégradées par l'irruption des rivières, l'équité veut qu'en revanche il soit aussi appelé, en compensation de ce préjudice accidentel, à profiter des bénéfices éventuels qui peuvent résulter de l'action des eaux. C'est là, au reste, un point qui aujourd'hui a prévalu dans la doctrine. (V. MM. Proudhon, *Domaine pub.*, n° 1271 ; Daviel, n° 133; Demolombe, n° 46.)

Pour être conséquent avec ces principes, comme maintenant ce sont les départements ou les communes qui sont propriétaires des routes départementales ou des chemins vicinaux, l'on doit de même admettre qu'à eux aussi, et non aux propriétaires limitrophes, appartiendraient les atterrissements qui seraient formés par un fleuve ou une rivière le long de ces chemins ou de ces routes.

On s'est aussi demandé si les atterrissements qui se seraient formés le long d'un chemin de hallage appartiennent aux riverains : nous admettons l'affirmative. On ne saurait, sans méconnaître la nature des choses, ne pas admettre l'identité de ce cas avec celui où il s'agit d'atterrissements formés le long d'un chemin public : une route, un chemin public, font partie du domaine public; par conséquent, les alluvions qui s'y forment doivent suivre le même sort. Les chemins de hallage, au contraire, sont pris sur les propriétés privées dont ils ne cessent pas de faire partie ; on sait, en effet, que ces chemins, aux termes de l'art. 650 du C. Nap., ne constituent que des servitudes sur les propriétés riveraines. Dès lors, rien de plus légitime que d'attribuer à celles-ci les augmentations qui surviennent le long de ces chemins.

A l'égard « des relais que forme l'eau courante, qui se retire insensiblement de l'une de ses rives en se portant sur l'autre, le propriétaire de la rive découverte profite de l'alluvion, sans que le riverain du côté opposé puisse venir réclamer le terrain qu'il a perdu. Ce droit n'a pas lieu à l'égard des relais de la mer. » (C. Nap., art. 557.)

A proprement parler, comme on voit, on doit entendre par *relais* les atterrissements qui se forment par la retraite insensible des eaux d'un fleuve d'une rive sur l'autre, tandis que le mot *lais* ne convient qu'aux atterrissements dont il a été parlé jusqu'ici, c'est-à-dire qui s'opèrent au moyen des terres que les fleuves et rivières amoncellent successivement et imperceptiblement le long de leurs rives, et qu'ils y *laissent*.

Il importe de remarquer, en ce qui concerne les relais, que leur formation peut aussi avoir lieu d'une autre manière que celle prévue par l'art. 557 : ainsi, la rive d'un fleuve peut se découvrir, sans qu'il y ait transport des eaux sur la rive opposée, par exemple si, par l'effet de causes physiques dont il y a des exemples, le lit d'un fleuve se rétrécit des deux côtés, ou se creuse. Mais le cas le plus ordinaire est bien celui en présence duquel raisonne le législateur : *lex statuit ex eo quod plerumque fit*.

Dans le cas qui nous occupe, on arrive par l'application de la loi à ce résultat que, tandis que le riverain du côté où s'est formé le relais va s'enrichir par l'acquisition de ce relais, le riverain du côté opposé, où se portent les eaux, supportera gratuitement un préjudice notable, forcé qu'il se trouve de fournir sur son terrain une portion du lit du fleuve.

La position de ce dernier riverain, si, comme cela arrive

parfois, les eaux du fleuve conservent pendant plusieurs années une semblable direction, peut même s'aggraver au point d'équivaloir à une spoliation complète par suite de l'envahissement successif de son héritage, et cependant il n'aura aucun droit aux relais qui, sur l'autre rive, deviennent de plus en plus considérables : le texte de l'art. 557 du C. Nap. est, à cet égard, bien précis.

Mais on remarquera qu'il faut, pour faire aboutir le système de la loi, en cette matière, à un résultat choquant, se placer en présence d'un cas bien extrême, et qui se réalisera rarement avec des circonstances aussi exceptionnelles : le plus souvent, le propriétaire lésé ne fournira au lit de la rivière qu'une portion assez minime, et, comme la retraite des eaux sur son héritage ne s'est, dans l'hypothèse de la loi, opérée qu'insensiblement, il a eu d'ailleurs tout le temps de s'opposer à ces envahissements par des travaux faciles et peu dispendieux. Il doit donc s'imputer le préjudice que, plus tard, et pour être resté dans l'inaction, il vient à éprouver.

D'un autre côté, tout propriétaire riverain, par le fait seul du voisinage des eaux, contracte, suivant l'expression heureuse de M. Portalis, une sorte de contrat aléatoire avec la nature, et si les effets de ce contrat, dans un cas donné, lui sont défavorables, comme il eût pu et peut encore, les circonstances changeant, en recueillir des avantages, cette réciprocité de chances bonnes et mauvaises qui se balancent, fait disparaître, ou du moins atténue singulièrement ce qu'il peut y avoir de rigoureux et même d'injuste dans tel ou tel résultat particulier. C'est faute d'avoir suffisamment pesé ces considérations que quelques auteurs, et notamment M. Chardon, *tr. du droit d'alluv.*, n° 17, se sont trop hâtés de faire au législateur son procès en cette matière.

L'art. 557 du C. Nap., *in fine*, déclare que les lais et relais de la mer ne sont pas soumis au même régime que les relais des fleuves et rivières. En effet, les lais et relais de la mer appartiennent à l'État (art. 538). Nous n'avons pas à insister sur ce point.

Aux termes de l'art. 558 du C. Nap., « l'alluvion n'a pas lieu à l'égard des lacs et étangs, dont le propriétaire conserve toujours le terrain que l'eau couvre quand elle est à la hauteur de la décharge de l'étang, encore que le volume de l'eau vienne à diminuer. — Réciproquement, le propriétaire de l'étang n'acquiert aucun droit sur les terres riveraines, que son eau vient à couvrir dans des crues extraordinaires. »

On appelle *lac* une vaste étendue d'eau réunie naturellement dans un terrain creux, alimentée par des sources, par des infiltrations, ou même par des cours d'eau vive ; on appelle *étang*, un amas d'eau réunie d'ordinaire artificiellement dans un terrain en pente, dont la partie inférieure est fermée par une chaussée : une ou plusieurs bondes, faites dans les points les plus bas, servent à mettre l'étang à sec. Un déversoir, dont la hauteur est calculée sur l'étendue de terrain que l'eau doit couvrir, est destiné à garantir les propriétés voisines de l'inondation.

M. Chardon, *tr. du dr. d'alluv.*, chap. III, n° 22, fait observer que, par application de la disposition de l'art. 558 précité, les propriétaires des étangs ont le droit, en les curant, de détruire les atterrissements qui se forment sur leurs bords ; mais aussi que, si, dans une crue extraordinaire, leurs eaux inondent les héritages voisins, et y causent du dommage, ils doivent indemniser les propriétaires de ces héritages.

Et, en effet, les propriétaires d'étangs doivent prendre pour mesure de la hauteur des déversoirs la plus grande crue possible, et ils pourraient d'ailleurs, dans le moment même de la crue, accélérer le passage des eaux par la levée des bondes : on ne peut donc pas rattacher absolument à un cas de force majeure les dommages qu'ont éprouvés les propriétaires des héritages voisins, par suite des inondations dont il s'agit.

Nul doute encore, bien que la loi ne s'en soit pas expliquée formellement, que l'alluvion n'a pas plus lieu à l'égard des torrents qu'à l'égard des lacs et des étangs. L'article 556 du C. Nap., qui détermine les cas dans lesquels peut prendre naissance le droit d'alluvion, exprime que ce droit ne peut exister que par rapport aux cours d'eau continus, c'est-à-dire aux fleuves et rivières, navigables, flottables ou non : et le soin avec lequel le législateur désigne dans cet article, à deux reprises, les fleuves et rivières, nous révèle suffisamment que, dans sa pensée, la règle qu'il pose ne peut être étendue, dans son application, au-delà des cas prévus.

Aussi sommes-nous d'avis que la disposition de l'article 558, qui soustrait, ainsi qu'on vient de le voir, les lacs et étangs à l'empire du droit d'alluvion, se trouvait déjà implicitement renfermée dans celle de l'article 556. On serait donc mal fondé à nous objecter l'omission, dans la loi, d'un article spécial pour déclarer que l'alluvion n'a pas lieu à l'égard des torrents.

On a signalé une lacune assez grave dans le système de la loi : ainsi le législateur, en matière d'alluvions ou d'atterrissements, ne s'est expliqué que sur deux cas : 1° celui où l'alluvion s'est formée sur les bords d'un fleuve *successivement* et *imperceptiblement* (art. 556 du C. Nap.); — 2° celui où l'atterrissement consiste dans des relais formés par l'eau courante qui se retire insensiblement de l'une de ses rives sur l'autre (art. 557, même code). Ainsi que nous le savons, le terrain de nouvelle formation, dans l'une et l'autre hypothèse, est attribué aux riverains : mais il peut se présenter un autre cas, non prévu, celui de terrains qui resteraient à découvert subitement, soit parce que le fleuve, tout d'un coup, ou restreindrait son lit, ou se porterait sur l'autre rive, soit parce qu'il déposerait à l'improviste sur l'un de ses bords un amas de terres, de sables ou de gravier qui, en s'amoncelant, viendrait à s'élever au-dessus des eaux.

Un premier point, qui nous paraît hors de doute en ce qui concerne la propriété litigieuse de ces terrains, est qu'il ne saurait être sérieusement question d'en déclarer le domaine propriétaire : et, en effet, les droits du domaine sur les atterrissements sont restrictivement déterminés par la loi : il n'a de droit, aux termes des articles 560 et 561 combinés du Code Napoléon, que sur les atterrissements qui se forment dans le sein même des fleuves et rivières, sans aucune adhérence aux rives, et nous sommes ici en dehors d'un semblable cas.

Maintenant, le domaine écarté, c'est aux riverains, suivant nous, du côté où l'atterrissement s'est formé subitement, qu'il faut attribuer cet atterrissement, comme s'il s'agissait des cas dont il a été question jusqu'ici, et où l'accroissement a été successif et insensible, et par suite, lent à se produire : à la vérité, le texte de la loi manque à l'appui de cette solution ; mais, à défaut de texte, il y a à faire valoir presque les mêmes motifs que pour les cas expressément prévus par le législateur.

Ainsi, quand l'atterrissement subit et spontané s'est formé par un amas de sables, de limon et de graviers sur l'une des rives d'un fleuve, comme l'absence de toutes constructions ou plantations rend absolument méconnaissable ce terrain de nouvelle formation, l'attribution que nous en faisons au propriétaire riverain a lieu, comme dans le cas où l'accroissement aurait été successif et insensible, *defectu juris alieni*, sans compter que, pour justifier cette solution, l'on voit reparaître le motif, que l'on ne fait en cela qu'indemniser le riverain des mauvaises chances éventuelles que fait courir le voisinage d'un fleuve.

Quant aux atterrissements qui résultent du retrait *subit*, et non plus insensible (cas fort rare du reste) des eaux d'un fleuve d'une rive sur l'autre, le dernier motif invoqué en justifie peut-être également l'attribution au riverain.

Mais l'on ne peut plus dire ici, comme dans le cas spécial réglé par l'article 557 du C. Nap., que le riverain du côté opposé, qui souffre l'envahissement des eaux, eût pu s'en préserver par des travaux appropriés à la défense de son héritage, puisque, le mouvement des eaux ayant été subit, il n'a pu constater un premier progrès du fleuve sur son terrain, et être averti par là du danger qui le menaçait : il faut donc uniquement considérer ici que le propriétaire, qui fournit gratuitement au fleuve une partie de son lit, tandis que le riverain de l'autre côté profite de l'atterrissement, ne fait que subir la loi de ce contrat aléatoire dont les effets eussent pu, au contraire, lui être favorables, et qu'il n'est pas fondé à se plaindre, du moment qu'à côté des chances mauvaises qui se déclarent contre lui, il y en avait aussi de bonnes, susceptibles de se réaliser à son profit, et de tourner à l'amélioration de son héritage. (V. conf. MM. Daviel, n° 128; Delvincourt, *Dr. civ.*, note sur l'art. 563 du C. Nap.; *contrà*, Proudhon, *Dom. pub.*, n° 1277.)

En tout cas, le droit des propriétaires riverains ne saurait être douteux, bien que l'atterrissement ait paru subitement, s'il est prouvé que les dépôts de vase, de sable ou de graviers, qui le constituent, se sont faits sous les eaux et dans le fond du lit, successivement et imperceptiblement, de telle sorte que la retraite subite des eaux n'ait fait que révéler et mettre à découvert une alluvion qui s'était formée, avec tous les caractères voulus par la loi, dans un temps antérieur à son apparition : on rentre alors dans le cas prévu par l'article 556 du Code Napoléon.

L'enchaînement des idées nous conduit à signaler de suite le cas où, par application d'une disposition très-sage de la loi, les riverains, au contraire, ne pourraient être admis à élever des prétentions sur certains atterrissements subits qui se seraient formés le long de la rive à laquelle sont adjacentes leurs propriétés. Ce cas est, aux termes de l'art. 559 du C. Nap., celui où un fleuve, navigable ou non, aurait enlevé par une force subite une partie considérable et reconnaissable d'un champ riverain, et l'aurait portée vers un champ inférieur, ou sur la rive opposée. C'est là ce qu'on a appelé atterrissement par *avulsion*.

On remarquera que, si, dans cette espèce d'atterrissement, les riverains ne deviennent pas propriétaires du terrain qu'un mouvement subit des eaux a détaché du champ du voisin et juxtaposé près de leurs héritages, c'est que ce terrain est resté reconnaissable et que dès lors son propriétaire peut en faire la revendication. Il n'y a pas, comme dans les cas d'alluvion proprement dite, *defectus juris alieni*.

Précisons bien l'étendue du droit que la loi accorde ici au propriétaire d'un terrain qui a été emporté sur le fonds riverain par un mouvement subit des eaux : il paraît hors de doute d'abord que le propriétaire n'est point autorisé à venir se remettre en possession de cette portion de son champ là où elle se trouve, mais uniquement à la reprendre, comme chose mobilière, pour la reporter là où elle était primitivement : c'est ce qui résulte des observations de MM. Pelet et Tronchet, lors de l'examen de l'art. 559 par la commission du Conseil d'État, et c'est dans le même sens que cet article a été expliqué par les auteurs les plus accrédités sur la matière (v. MM. Toullier, t. III, p. 108; Chardon, *de l'alluv.*, chap. 2, n° 14; Daviel, t. I, n° 155).

Maintenant, le texte de l'art. 559 suppose non-seulement que les parties enlevées sont reconnaissables, mais encore qu'elles sont *considérables*. Et, en effet : *sans intérêt, point d'action*. Or, il y aurait manque d'intérêt s'il ne s'agissait que de quelques mottes de gazon, ou de quelques touffes d'oseraie qui auraient été détachées d'un héritage.

On notera d'ailleurs qu'il est bien rare, s'il ne s'agit que de débris de superficie isolés, et la plupart du temps insignifiants, que l'origine de l'avulsion puisse être connue avec certitude, et qu'il résulte de là un nouveau motif pour proscrire, en cas pareil, toute action en revendication, et pour laisser, au contraire, à la maxime « en fait de meubles possession vaut titre » tout son empire.

Ce qui vient d'être dit ne doit, toutefois, être admis, suivant nous, qu'avec un tempérament : ainsi, si les choses mobilières, que les eaux apportent sur un fonds riverain, avaient quelque valeur extraordinaire, et s'il y avait des marques qui en fissent connaître le véritable propriétaire, elles devraient être, en réalité, considérées comme perdues, et ce serait le cas pour leur propriétaire de les revendiquer contre le maître de l'héritage riverain, en vertu du § 2 de l'art. 2279 du C. Nap. (conf. M. Chardon, n° 90).

Dans quel *délai* le propriétaire doit-il faire la réclamation de son champ entraîné sur les rives d'autrui? Suivant le droit romain, elle pouvait toujours être faite, jusqu'à ce que, par l'effet du temps, le morceau détaché du champ se fût tellement uni au fonds riverain inférieur, qu'il ne parût plus faire avec ce dernier qu'un même champ; et c'est ce qui arrivait lorsque, par exemple, les arbres de la portion de terrain juxtaposée avaient poussé leurs racines dans le fonds riverain. C'est ce que nous dit Gaius dans la loi 7, § 2, *de adq. rer. dom.*

Tel n'est pas le système qu'a reproduit le Code : aux termes de l'art. 559, *in fine,* le propriétaire doit former sa demande dans l'année du déplacement; après ce délai, il n'y est plus recevable, à moins que le propriétaire du champ auquel la partie enlevée a été unie n'ait pas encore pris possession de celle-ci.

Il est, en tout cas, entendu que, lorsque le propriétaire de la partie du champ qui a été enlevée vient la réclamer dans les délais utiles, il est tenu, d'une part, de réparer le dommage que l'avulsion a pu causer au propriétaire du fonds riverain, et, d'autre part, d'enlever tout ce qui a été déposé sur le champ de ce dernier sans pouvoir en faire un triage, et se borner à n'emporter que ce qui a quelque valeur. (Conf. M. Chardon, n° 92.)

On doit, au reste, admettre que le propriétaire du champ auquel serait venue ainsi s'adjoindre une portion d'un autre champ n'est pas tenu d'attendre l'expiration de l'année pour voir procéder à l'enlèvement de cette portion, dont la juxtaposition lui est peut-être incommode ou même préjudiciable. — Il peut mettre en demeure celui à qui elle appartient d'avoir à l'enlever dans un certain délai qui, s'il est suffisant, devra être observé pour l'exercice de l'action en revendication. (Conf. MM. Daviel, n° 156; Chardon, n° 88.)

Nous venons d'énoncer que, lorsque le propriétaire de la portion du champ enlevée n'a pas formé la réclamation dans l'année du déplacement, il peut encore l'intenter après, tant que le maître du champ riverain n'a pas pris possession de cette portion. Mais de quels faits résultera cette prise de possession? D'abord, sans difficulté, du fait de la culture du terrain ainsi importé, ou du fait de plantations, ou de travaux quelconques, bien apparents, entrepris pour consolider l'atterrissement à la rive. Quelques personnes ont, en outre, prétendu qu'une prise de possession suffisante pouvait, indépendamment de tout fait de l'homme, être le résultat de l'ouvrage de la nature : comme, par exemple, si les arbres de la partie enlevée avaient poussé leurs racines dans le fonds riverain ; et, à cet égard, l'on s'appuie sur la loi romaine de Gaius, précitée.

M. Daviel, n° 154, pense, au contraire, que la prise de possession gît en fait, et que la cohésion matérielle des deux terrains est insignifiante : « L'art. 559 du Code Napoléon, dit-il, suppose l'union de la partie enlevée avec le champ riverain, et il exige, en outre, *prise de possession.* »

Mais ce dissentiment n'a pas, au fond, toute l'importance qu'il paraît avoir : en effet, quand la cohésion matérielle se sera opérée par le fait du prolongement des racines des arbres dans le champ riverain, la plupart du temps, le propriétaire de la partie enlevée sera déchu du droit de former aucune réclamation, si ce n'est à cause de cette prise de possession qui est l'ouvrage de la nature, et que repousse M. Daviel, au moins parce que la partie enlevée, en raison même de sa parfaite et intime adhérence au fonds riverain, aura cessé d'être *reconnaissable.*

Le texte de l'art. 559 ne comprend pas le cas où la partie considérable et reconnaissable d'un champ, qui a été enlevée par le mouvement des eaux, aurait été transportée et se serait arrêtée dans l'intérieur même du lit de la rivière, de manière à y former une île. Nous pensons, néanmoins, par induction de l'esprit de la loi, que ce cas doit être régi par la disposition de l'article précité. Ainsi, le propriétaire de la partie enlevée ne pourrait continuer à en jouir en la laissant là où elle est, puisque ce serait empiéter sur le lit de la rivière qui ne lui appartient pas : il n'aurait donc que le droit, comme dans le cas littéralement prévu par la loi et dont il a été question jusqu'ici, de retirer les débris dont il s'agit, ou de les abandonner. Dans ce dernier cas, ces débris appartiendraient soit à l'État, soit aux riverains, suivant que la rivière au milieu de laquelle ils se seraient arrêtés se trouverait être, ou non, navigable ou flottable. C'est également ce qu'enseigne M. Chardon, chap. IV, § 3, n° 110.

Ces développements nous conduisent à une autre hypothèse non réglée par le Code, celle de l'*inondation* complète d'une propriété riveraine par les eaux d'un fleuve qui viennent à être gonflées subitement par la fonte des neiges de l'hiver, ou à la suite de violents orages. On se rappelle les désastres infinis qu'ont produits à diverses reprises, et encore récemment, les débordements de la Loire. — Après un temps plus ou moins long, le fleuve débordé rentre dans les limites ordinaires de son lit, mais le plus souvent il ne laisse après lui, au lieu d'une campagne riante et cultivée, que des champs désolés, profondément ensablés et impropres à la culture. — L'ancien propriétaire de ces fonds, jadis si fertiles, pourra-t-il au moins, après la retraite des eaux, rentrer en possession de son héritage, ou le verra-t-il retenir, à titre d'alluvion ou de relais, par un tiers dont le fonds était devenu riverain du cours d'eau par suite de cette inondation prolongée qui remplissait l'espace intermédiaire, et avait fait ainsi disparaître l'obstacle à la contiguité?

D'après le droit romain, l'inondation d'un fonds, quelque temps qu'elle eût duré, ne faisait point perdre la propriété de ce fonds. (V. l. VII, § 6, et l. XXX, § 3, *de adq. rer. dom.*)

Dans l'ancienne jurisprudence, il semble toutefois qu'on n'accordait l'action en revendication à l'ancien propriétaire du champ inondé qu'autant que ce propriétaire avait conservé *motte-ferme,* c'est-à-dire si quelque partie de son héritage était restée constamment au-dessus des eaux. Mais, sous l'empire des principes du droit nouveau, il n'y a pas lieu de soumettre à cette restriction le droit de l'ancien propriétaire : nous pensons donc que, lors bien même qu'il n'aurait pas conservé *motte ferme,* suivant la vieille expression, l'action en revendication de son héritage ne lui en appartiendrait pas moins après la retraite des eaux.

En effet, d'une part, la propriété se conserve d'esprit et de volonté; et, d'autre part, l'inondation d'un héritage est un cas de force majeure; tant que le propriétaire en subit la loi, il ne peut pas être réputé renoncer à son droit de propriété. Il n'y a d'ailleurs aucune négligence, aucune faute à lui reprocher. — Ainsi sa position est très-favorable, d'autant plus qu'il combat *pro damno vitando;* il faudrait dès lors un texte de loi bien précis pour enrichir un tiers à ses dépens.

Cette doctrine était, au reste, déjà professée par Merlin, *Rép. v° Motte-ferme :* « Depuis la promulgation du Code » Napoléon, » dit cet auteur, « les propriétaires des ter- » rains qui ont été inondés, pendant un temps quelconque, » par le débordement d'une rivière navigable ou flottable, » en conservent la propriété, non-seulement lorsqu'il y est » resté des mottes-fermes, mais même lorsque la submersion » a été complète. L'art. 563 prouve que tel a été l'esprit » du Code. » C'est aussi l'opinion de MM. Chardon, chap. III, § 2, nos 62 et suiv.; Daviel, t. I, nos 145 et suiv.

Notons d'ailleurs que, lors bien même qu'il se serait écoulé plus de trente ans depuis la submersion entière du fonds, l'action en revendication n'en appartiendrait pas moins, lors de la retraite des eaux, à l'ancien propriétaire. Et, en effet, il est de règle que « *contrà non valentem agere non currit prescriptio.* »

Mais que décider, si c'étaient des travaux de digue ou de dessèchement, pratiqués par quelques riverains ou par l'Etat, qui eussent mis à sec un terrain anciennement submergé? — M. Daviel, *cours d'eau*, n° 149, adopte cette opinion, qui nous semble très-juste, que l'ancien propriétaire n'en aurait pas moins le droit de reprendre possession de son héritage, mais à la charge, bien entendu, comme l'exige l'équité, de payer une indemnité proportionnelle pour les travaux qui auraient été exécutés.

§ 2. — *Iles et îlots, lit abandonné.*

Les îles et îlots qui se forment dans le lit des fleuves ou des rivières navigables ou flottables appartiennent à l'État, s'il n'y a titre ou prescription contraire : telle est la disposition précise de l'article 560 du C. Nap.

Sous l'ancienne législation, les possesseurs d'îles et d'îlots étaient souvent inquiétés ou rançonnés par le fisc, en vertu de la maxime que le domaine public est imprescriptible (v. Merlin, *Rép.*, v° îles). Mais aujourd'hui il leur suffit, à défaut de titres, de justifier d'une prescription acquise : sous ce rapport, la disposition finale de l'article 560 précité est en parfaite concordance avec celle de l'article 2227 du Code Napoléon, qui soumet l'État aux mêmes prescriptions que les particuliers.

Si, dans une rivière navigable ou flottable, la formation d'une île a lieu en même temps qu'une alluvion latérale à laquelle elle se rattache, le propriétaire riverain peut-il réclamer à la fois les deux choses? — Une distinction doit être faite entre le cas où l'île a été formée la première, et celui où l'île et l'alluvion ont une formation tellement simultanée qu'on doive considérer l'une et l'autre comme n'étant que les deux extrémités du même atterrissement. Dans le premier cas, l'île appartient à l'Etat; dans le second, le riverain peut en réclamer la propriété (Proudhon, n° 1284).

Il peut être quelquefois assez difficile de distinguer des îles et îlots les alluvions naissantes qui, dans les eaux basses, en ont l'apparence. — A cet égard, M. Chardon (*Tr. du dr. d'alluv.*, chap. 4, § 2, n° 102) a établi la ligne de démarcation suivante : « Tant qu'il (l'atterrissement) n'a pas, » dit-il, « atteint le niveau de la sommité des rives, il n'est ni île » ni alluvion; il fait partie du lit, puisque la rivière peut le » submerger sans débordement. Au moment où il est par- » venu à la hauteur des rives, il faut vérifier si, lorsque les » eaux sont à leur étiage, c'est-à-dire dans leur cours ordi- » naire, elles entourent encore l'atterrissement; si tel est » l'état des choses, l'île est formée; elle appartient à l'État... » Si, au contraire, lors de l'examen dont j'ai parlé, les » eaux, à leur étiage, ne coulent plus entre l'atterrissement » et la rive, il n'y a pas d'île, mais une alluvion, propriété » légitime du riverain (1). »

Ce qui précède ne s'applique qu'aux îles et îlots qui se sont formés dans le lit qu'occupait le fleuve navigable ou flottable; mais si un bras du fleuve, s'étant écarté du lit, a pris son cours tout autour du champ d'un particulier, et en a par ce moyen formé une île, ce champ, depuis que le fleuve l'a entouré, étant toujours le même champ, continue d'appartenir à celui qui en est propriétaire. Telle était la

(1) A ce sujet, nous ferons remarquer que l'autorité administrative est seule compétente pour décider si les atterrissements qui se forment dans les rivières navigables et flottables ont cessé de faire partie du lit du fleuve.

décision de Pothier (*Propr.*, n° 162), et c'est cette décision qui se trouve reproduite dans l'article 562 du C. Nap.

Il est encore une autre espèce d'îles bien moins importantes, ce sont les *îles flottantes*, c'est-à-dire n'ayant, comme leur nom l'indique, aucune adhérence avec le lit du fleuve. Le droit romain attribuait cette sorte d'îles au domaine public (v. l. L, § 4, *de adq. rer. dom.*). Pothier, *Propr.*, n° 163, décidait qu'elles appartenaient au roi, de même que le fleuve. Notre code ne s'est pas expliqué sur ces îles : on ne pourrait aujourd'hui les attribuer à l'État qu'en vertu de l'article 713 du C. Nap., qui déclare que « les biens qui » n'ont pas de maître appartiennent à l'État. »

L'article 560 précité assimile aux îles et îlots certains atterrissements qu'il attribue également à l'État, s'il n'y a titre ou prescription contraire; mais on remarquera que les termes de la loi ne comprennent que les atterrissements « qui se forment *dans le lit* des fleuves ou des rivières navigables ou flottables, » et condamnent par là même toutes prétentions du domaine qui auraient pour objet des atterrissements ne satisfaisant pas à cette condition.

Quant aux îles et atterrissements qui se forment dans les cours d'eau non navigables ni flottables, la loi les fait entrer dans le domaine des particuliers. On remarquera que, dans le cas actuel, la *proximité* suffit, tandis que, pour l'acquisition des alluvions, il faut la *contiguïté*. — Mais le code a ici établi une distinction : si l'île s'est formée d'un seul côté de la rivière, elle appartient tout entière aux riverains de ce côté; si elle n'est pas formée d'un seul côté, elle appartient aux propriétaires riverains des deux côtés, à partir de la ligne qu'on suppose tracée au milieu de la rivière (art. 561 du C. Nap.).

C'est donc à la situation de l'île qu'il faut s'attacher pour juger si elle doit appartenir aux propriétaires d'une seule rive ou à ceux des deux bords. Mais une fois qu'un riverain a pris possession de l'île, il profite seul de tous les atterrissements qui viennent l'accroître vers le bord opposé (conf. Proudhon, n° 1288).

On a remarqué que la disposition de l'art. 561 était conforme à l'équité. En effet, une île se forme toujours aux dépens des fonds riverains, puisque par suite de sa formation les eaux, dont le volume reste le même, doivent inévitablement refluer sur les rives, et, en empiétant sur les fonds contigus, reprendre une étendue à peu près égale à celle dont la capacité de ce lit est diminuée par la place que l'île y a prise (v. M. Chardon, chap. 4, § 2, n° 103).

L'île, étant un fonds distinct et séparé de l'héritage latéral de la rivière, ne peut être grevée par l'hypothèque qui frappe cet héritage : c'est aussi l'observation que fait Proudhon, n° 1285.

Non-seulement, lorsqu'une île se forme d'un seul côté dans un cours d'eau non navigable ni flottable, cette île, d'après le texte de l'art. 561 précité, appartient tout entière aux propriétaires riverains de ce côté, mais l'on doit, en outre, admettre que si, par l'effet d'alluvions ultérieures, cette île venait à s'étendre, soit devant d'autres riverains qui n'y ont eu aucun droit lors de sa naissance, soit au-delà du milieu du cours d'eau, devant les riverains de l'autre côté, qui également n'ont pas été appelés, à l'origine, à y prendre leur part, ces accroissements appartiendraient exclusivement, comme l'île elle-même, dont ils ne sont que l'accessoire, aux propriétaires qui l'ont primitivement acquise. Ce n'est là qu'une conséquence forcée des principes consacrés par les art. 556 et 557 du Code Napoléon.

En effet, les possesseurs de l'île dont il s'agit sont riverains du cours d'eau qui entoure cette île : donc, comme tous autres riverains, ils doivent être appelés à profiter exclusivement des atterrissements qui se forment le long de cette espèce d'héritage que la loi, sous ce rapport, n'a nullement distingué des autres.

Une île ne se formant dans le lit d'un cours d'eau que peu à peu et progressivement, il importe d'être fixé sur l'époque à laquelle elle peut être considérée comme constituant une propriété particulière donnant droit, pour ceux qui la possèdent, à l'exclusion des autres riverains, aux accroissements ultérieurs qui viennent en augmenter la surface, en la prolongeant au-devant de nouveaux héritages.

A cet égard, M. Chardon, n° 105, fait justement observer que, si, du moment qu'une motte de sable et de vase, accidentellement fixée, devient un point de résistance au courant d'une rivière, les propriétaires riverains pouvaient s'en attribuer la propriété, ils profiteraient seuls, par l'effet du droit d'alluvion, des atterrissements qui viendraient à donner de la consistance à ce qui n'était d'abord que le germe d'une île. Dès lors le mode de partage que détermine l'art. 561 précité du Code Napoléon, et qui suppose le concours de plusieurs propriétaires riverains, se référerait à une hypothèse qui ne se présenterait guère dans la pratique, la propriété totale se trouvant fixée, dès le principe, sur une seule tête.

C'est ce qui porte M. Chardon à renfermer ici le droit à la propriété d'une île dans de justes limites.

Ainsi, suivant cet auteur, le droit à la propriété d'une île née dans un cours d'eau non navigable ni flottable ne se réalise que lorsqu'il s'est formé dans ce cours d'eau plus qu'un simple germe de ce qui doit être un jour l'île ou l'îlot; et l'on doit réputer simple expectative le droit du riverain, tant qu'il s'agira d'un amas de matières que l'eau submerge sans sortir de ses bords. Cette opinion, que nous adoptons, est, au reste, conforme au texte même de la loi; car, en définitive, la loi ne confère de droit au riverain que sur l'île formée, et non sur celle qui n'est que commencée.

L'île qui se forme entre le milieu d'un petit cours d'eau et l'une de ses rives appartient exclusivement, ainsi qu'on vient de le voir, aux propriétaires riverains de ce côté. Mais, si l'on suppose maintenant que, postérieurement à la formation de cette première île, il vienne à en naître une autre entre le milieu du cours d'eau et l'autre rive, comment, relativement à cette seconde île, va-t-on régler l'attribution de propriété?

A ne s'en tenir qu'au texte littéral de l'art. 561, cette dernière île devrait être dévolue exclusivement aux propriétaires riverains du côté où elle s'est formée. Mais il nous semble que cette disposition doit être mieux entendue, et conciliée dans son application avec la logique et les principes. Le législateur n'a manifestement songé, en attribuant ainsi l'île formée entre le milieu d'un cours d'eau et l'une des rives aux propriétaires de ce côté exclusivement, qu'au cas le plus ordinaire, c'est-à-dire à celui où, antérieurement à la formation de cette île, il ne s'en serait pas déjà formé une autre. Nous concluons de là que le texte de l'art. 561 ne doit pas être, dans notre espèce, appliqué à la lettre ; mais le combinant, pour ce cas particulier, avec les autres principes de la matière, nous disons : Les propriétaires de l'île qui s'est formée la première sont devenus, par le fait même de cette acquisition de propriété, riverains du bras de rivière qui coule entre cette première île et la rive opposée : donc, en cette qualité, et à cause de l'île qu'ils possèdent déjà, ils ont droit d'alluvion sur la seconde île, comme sur tous autres atterrissements qui se formeraient ultérieurement dans ce bras de rivière, et, par suite, ils viennent au partage de cette dernière île en concurrence avec les propriétaires du côté opposé.

Les mêmes principes conduisent à décider : 1° que, si la seconde île se formait au-dessus ou au-dessous de la première et sur la même ligne en suivant le courant, le possesseur de la première y aurait droit en concurrence avec les autres riverains ; 2° qu'il en serait de même de l'île qui naîtrait au confluent de deux rivières : elle se trouverait en présence de trois rives, et chacun de leurs propriétaires y prendrait la portion dont il serait le plus près ; 3° que, si l'île nouvelle se formait entre deux autres, ou entre une première et le point de jonction de deux cours d'eau, comme alors quatre rives l'entoureraient, elle serait partagée par les riverains suivant les mêmes procédés (v. M. Chardon, *tr. du dr. d'alluv.*, n° 107).

Enfin, quand un atterrissement qui s'est trouvé dévolu à des propriétaires riverains, en vertu des dispositions de la loi, vient à s'accroître et à dépasser le front des héritages de ces propriétaires pour longer d'autres fonds, mais sans toucher à ces derniers, dont il reste séparé par une partie des eaux de la rivière, il ne tombe point dans le domaine des propriétaires de ces nouveaux fonds, mais il continue, même quant à son prolongement, d'appartenir aux riverains sur l'héritage desquels est appuyée sa base.

Et, en effet, il n'y a que ces derniers riverains dont les héritages soient *contigus* à l'atterrissement : les autres ne cessent pas d'avoir l'eau pour limite de leurs champs ; ils n'ont donc d'autres titres à la propriété de la presqu'île que la *proximité*, titre insuffisant, puisqu'aux termes des art. 556 et 557 du C. Nap. il faut, pour l'acquisition des alluvions, ainsi qu'on l'a vu, la *contiguité*.

Un cas bien remarquable d'acquisition immobilière par accession se réalise, lorsqu'un cours d'eau se forme un nouveau lit en abandonnant l'ancien : les propriétaires des fonds nouvellement occupés prennent à titre d'indemnité l'ancien lit abandonné, chacun dans la proportion du terrain qui lui a été enlevé (C. Nap., art. 563). Nous rejetons l'explication de cet article 563 au paragraphe suivant, dans lequel nous devons traiter du partage du lit abandonné.

§ 3. — *Partage des alluvions ou atterrissements, des îles et îlots, et du lit abandonné.*

Un terrain d'alluvion, formé le long de la rive d'un

fleuve, peut joindre plusieurs propriétés riveraines : comment alors s'en fera le partage entre les riverains?

Le Code Napoléon ne renferme, à cet égard, aucune règle : aussi, à la faveur de ce silence, les jurisconsultes ont-ils inventé une foule de systèmes contradictoires entre eux, et qu'il est impossible le plus souvent d'observer entièrement dans leurs applications même les plus directes.

C'est qu'en effet il est difficile, en pareille matière, de poser des règles fixes et absolues. Les eaux courantes sont extrêmement capricieuses; elles ne suivent jamais, à beaucoup près, ni une ligne droite ni une direction unique et régulière dans toute l'étendue de leur lit. Tout au contraire, soit par la configuration naturelle des terres riveraines et leur différence de densité, soit par l'action incessante des courants, soit par la formation successive des atterrissements, par toutes ces causes enfin, ce ne sont presque toujours, sur les bords riverains des cours d'eau, que circuits et sinuosités, enfoncements ou renfoncements, *golfes* ou *promontoires*.

Et alors, au milieu de ces figures bizarres et diverses que décrivent les eaux, en présence de ces angles tantôt rentrants et tantôt sortants, il arrive très-souvent que les théories les plus rationnelles en apparence se trouvent en fait impraticables. (M. Demol., n° 77.)

Nous nous bornerons donc à indiquer les règles générales qui, suivant nous, doivent présider, autant que possible, au partage des alluvions. — La principale règle, celle que les jurisconsultes anciens et modernes paraissent accepter à peu près unanimement comme point de départ, a été formulée par le droit romain pour le partage des îles. Il résulte de la loi VII, § 3, au Digeste, *de adquirendo rerum dominio*, que les atterrissements doivent être partagés entre les propriétaires riverains, de manière à ce que chacun d'eux ait une part proportionnelle à la largeur de son héritage sur le bord de la rive : *pro modo latitudinis cujusque agri, quæ latitudo propè ripam sit.*

De cette règle qui, dans sa généralité, nous paraît très-exacte et très-raisonnable, nous déduisons les deux conséquences suivantes :

1° Le partage doit avoir lieu en raison de la largeur de chaque héritage *propè ripam*, c'est-à-dire en raison de l'étendue du front que chaque héritage présente à la rive, et non pas eu égard à l'étendue ou à l'importance plus ou moins grande qu'il pourrait avoir dans l'intérieur des terres; car c'est à la rive elle-même que se fait l'accession; ce n'est point aux autres dépendances de la propriété.

2° Par suite, il faut que le terrain d'alluvion adhère, dans toute sa longueur, à la rive même des héritages devant lesquels il s'étend, pour que les propriétaires de ces héritages aient droit d'y prendre part.

J'ai dit : *dans toute sa longueur*. Si donc, comme il arrive parfois, l'atterrissement, appuyé par sa base sur l'un des fonds riverains, se développait ensuite devant d'autres fonds, sans y adhérer, il appartiendrait exclusivement au fonds auquel il serait contigu. C'est ce que, au reste, nous avons déjà fait remarquer.

Ceci posé, lorsqu'il s'agit de partager entre les riverains un terrain d'alluvion, qui adhère à chacun de leurs fonds, *propré ripam*, le point capital et essentiel nous paraît être, avant tout, de trouver l'axe du fleuve ou de la rivière, le milieu exact du cours d'eau.

Telle est la base première de l'opération.

Ensuite il suffira de tirer perpendiculairement jusqu'au fil de l'eau, formant l'axe de la rivière, deux lignes parallèles, partant des points extrêmes de séparation des héritages; toute la partie du terrain d'alluvion qui se trouvera comprise entre les parallèles formera la part du fonds riverain dont elle sera le prolongement. (MM. Demolombe, nos 79 et 80; Duvergier, note sur Toullier, t. II, p. 65.)

L'opération sera simple et facile, si l'on suppose que le cours d'eau suit une direction unique dans toute l'étendue de l'alluvion ; mais il arrive, au contraire, le plus souvent, que des difficultés extrêmes d'exécution surgissent à raison des sinuosités du cours d'eau et des formes angulaires, plus ou moins bizarres, soit des fonds riverains, soit des terrains d'alluvion.

La question alors rentre plus dans le domaine du calcul et de la géométrie que dans celui du droit : en tout cas, il faudra encore ici, comme toujours, bien déterminer, avant tout, l'axe de la rivière, et s'arranger de manière, 1° à ne laisser sans maître aucune partie de l'alluvion ; 2° à attribuer à ceux qui y ont droit des parts proportionnelles en raison de la largeur riveraine de leur héritage ; 3° à conserver à chaque propriétaire sa qualité de riverain.

Nous repoussons le système qui consiste à prolonger les lignes séparatives des héritages, en leur conservant sur l'accroissement la même direction qu'elles ont sur les bords ; nous repoussons, disons-nous, ce système, précisément parce qu'il manque aux trois conditions que nous venons d'énumérer.

En effet, avec ce mode de partage, les lignes prolongées ne tardent pas à se rencontrer, à se croiser, et à former un triangle ; et alors il peut arriver :

1° Qu'une portion de l'alluvion demeure vacante et qu'on ne sache à qui l'attribuer ;

2° Que cette portion plus ou moins grande de l'atterrissement, ne se trouvant pas comprise dans le tracé des lignes, soit ainsi enlevée à un héritage, quoiqu'elle correspondît à sa largeur riveraine ;

3° Que même l'héritage, ainsi enfermé dans le terrain alluvionnaire, soit désormais privé de la contiguité du cours d'eau.

Partage des îles et îlots. — Les îles, îlots et atterrissements se formant, dans les cours d'eau non navigables ni flottables, par l'effet des mêmes causes que les alluvions, et se trouvant dévolus par la loi aux riverains au même titre que ces dernières, il y a lieu d'appliquer à ces îles, îlots et atterrissements le même mode de partage qu'aux alluvions.

Or, la loi romaine déjà citée (l. vii, § 3, *de adq. rer. dom.*) veut que l'on prolonge le front que présente chaque terrain sur la rive. Suivant la règle que nous venons d'établir pour les atterrissements, elle ne se préoccupe pas de la direction des lignes qui séparent un héritage des héritages contigus. Et c'est avec raison. — En effet, dans ce système, que nous adoptons, la ligne de front étant considérée comme base pour connaître la portion à laquelle chaque riverain a droit dans les alluvions ou dans les îles, il suffit d'élever à l'extrémité de cette ligne deux parallèles et de les prolonger jusqu'au milieu de la rivière. De cette manière, la division des nouveaux terrains est toujours facile et complète. Si, au contraire, on procédait à la division en prolongeant les lignes de séparation, il pourrait arriver, non-seulement que des propriétaires riverains n'eussent aucune part des nouveaux terrains, malgré la disposition précise de l'art. 561 du Cod. Nap., mais encore que l'on ne sût comment les partager entre les ayants droit. Nous devons citer un exemple à l'appui de ce que nous avançons :

Supposons un héritage dont les lignes séparatives convergent de manière que leur point d'intersection se trouve entre l'île et la rive. En procédant de la dernière manière indiquée, on est conduit à ce double résultat : 1° que le propriétaire de cet héritage n'a aucun droit à l'île ; 2° qu'on ne sait dans quelles proportions attribuer aux propriétaires voisins la part de cette île, comprise entre la ligne qu'on suppose tracée au milieu de la rivière et le prolongement de celles qui séparent l'héritage dont il s'agit des deux héritages qui l'avoisinent. Il suffit de signaler de pareilles conséquences pour montrer qu'un semblable mode de division n'a pu être adopté par le législateur (v. Toullier, t. II, note de M. Duvergier sur le n° 156).

Si une île, née dans un cours d'eau non navigable ni flottable, est venue accroître un fonds riverain, et si le propriétaire vend la partie inférieure de ce fonds, celle qui ne regarde point l'île et ne lui est pas opposée sur la rive, l'acquéreur n'aura droit à aucune portion de l'île. C'est ce que décidait aussi le droit romain, l. xxx, *de adq. rer. dom.*

Le partage de l'île doit se faire dans la saison où les eaux sont à leur moyenne hauteur. (Conf. MM. Duranton, n° 421; Proudhon, n° 1288.)

L'île qui se forme dans le milieu d'une rivière non navigable ne peut être considérée comme une propriété indivise entre les propriétaires des rives opposées, puisque la loi elle-même fixe le lot que chacun doit avoir. (Conf. Proudhon, n° 1289.)

Partage du lit abandonné. — L'art. 563 du C. Nap. est ainsi conçu : « Si un fleuve ou une rivière navigable, flottable ou non, se forme un nouveau cours en abandonnant son ancien lit, les propriétaires des fonds nouvellement occupés prennent, à titre d'indemnité, l'ancien lit abandonné, chacun dans la proportion du terrain qui lui a été enlevé. »

C'est là une dérogation importante aux principes du droit romain que, jusqu'ici, le législateur s'était presque borné à reproduire. D'après ces principes, c'était aux riverains qu'appartenait le lit abandonné, sans qu'il fût dû aucune indemnité aux propriétaires qui fournissaient au fleuve sur leur propre terrain le nouveau lit. (V. l. vii, § 5, *de adq. rer. dom.*; Instit., § 23, *de rer. div.*)

On a fait observer qu'à tout prendre, cette innovation n'était rien moins qu'heureuse. « Dans le droit romain, » dit à ce sujet M. Chardon, chap. 6, § 3, n° 179, « le sol » du lit abandonné par le cours d'eau était attribué aux rive- » rains qui, perdant son précieux voisinage, trouvaient au

» moins dans le sol quelques dédommagements des avan-
» tages dont ils étaient privés. Ceux qui fournissaient le
» nouveau lit avaient aussi leur indemnité dans la présence
» des eaux sur les bords de leurs fonds. Dans le Code civil,
» toute la perte est pour ceux dont le cours d'eau aban-
» donne les rives. Pour eux, il n'y a plus ni pêche, ni irri-
» gation ; ils perdront, dans quelques cas, la faculté d'éta-
» blir une usine. Tous ces avantages passeront à ceux qui
» auront le cours d'eau : ceux-ci viendront encore s'empa-
» rer d'un sol que les premiers auront peut-être récemment
» perdu. N'est-il pas évident qu'il y avait beaucoup plus de
» justice distributive dans la loi romaine qu'il n'y en a
» dans le Code civil? Sous un autre rapport encore on
» reconnaîtra, je l'espère, que l'innovation qui y a été
» introduite n'a pas été le fruit d'une heureuse conception.
» — Quand les riverains du lit abandonné réunissaient à
» leurs fonds les parties de ce lit qui y étaient adhérentes,
» ces accroissements recevaient de la valeur par leur réu-
» nion aux anciens fonds : mais quelle valeur aura mainte-
» nant, pour les propriétaires des héritages nouvellement
» occupés, l'ancien lit d'une rivière, c'est-à-dire un sol
» dépouillé de terre végétale, séparé toujours par une cer-
» taine distance de leurs propres fonds, et pour l'accès
» duquel ils devront payer des indemnités de passage, qui
» en absorberont presque toujours le rapport, surtout s'il
» faut, comme il arrivera le plus ordinairement, subdiviser
» ce terrain en petites parcelles, entre un grand nombre
» d'ayants droit? »

Nous ajouterons qu'en fait de dérogations au droit romain, il en était une, en cette matière, qui eût été plus logique et plus en harmonie avec d'autres textes du Code. Ainsi, du moment qu'aux termes de l'article 560 les îles, îlots et atterrissements qui naissent dans le sein des rivières navigables et flottables, et ne sont que des parties exhaussées du lit, se trouvent attribués en propriété à l'État, le législateur n'a pu, sans contredire ces dispositions de la loi, soumettre le lit entier à un régime différent, et le faire entrer dans le patrimoine des particuliers : c'est cependant ce qu'il a fait, en aggravant cette incohérence par la préférence qu'il accorde, contrairement aux règles du droit romain, aux propriétaires des fonds nouvellement occupés, sur les riverains de l'ancien lit du fleuve.

Vainement essaie-t-il de justifier cette attribution en la présentant, non comme fondée sur un droit rigoureux, mais comme l'équivalent d'une indemnité : il n'y a pas plus ici de droit à l'indemnité, en bonne équité, de la part des propriétaires des fonds nouvellement occupés, qu'il n'existe à leur profit de droit de propriété, intrinsèque et précis, sur l'ancien lit dont il s'agit.

D'ailleurs, où mène le système de l'art. 563? Quand, par suite de la retraite insensible des eaux sur l'une des rives, le riverain du côté opposé voit, aux termes de l'art. 557 du C. Nap., s'agrandir son héritage de toute l'étendue du relai resté à découvert, il faudrait donc aussi, pour les mêmes motifs de prétendue et illusoire équité, régler l'indemnité due au propriétaire de l'héritage situé sur la rive envahie, puisque ce propriétaire fournit également sur le fonds qui lui appartient une partie du lit qu'occupe le fleuve; or, c'est ce que n'a cependant pas fait le législateur, et par là il s'est encore mis, sous un nouveau rapport, en contradiction avec lui-même.

Ce n'est, au reste, d'après les termes mêmes de l'art. 563 précité, qu'autant qu'une rivière ou un fleuve s'est formé un nouveau cours en abandonnant son ancien lit, qu'il y a lieu de considérer comme évanouis les droits de propriété sur les fonds nouvellement occupés, et d'accorder aux propriétaires l'espace de ces fonds laissé à sec par les eaux, à titre d'indemnité.—Toutes les fois que, sans qu'il y ait de changement de lit, abandon du canal que suivent les eaux, il se forme des relais, même subits, sur l'une des rives du fleuve, l'on se trouve en présence d'un cas qui n'est plus celui prévu par l'art. 563 ; ici s'appliquent d'autres principes, et nous n'avons pas à revenir sur l'effet de ces variations plus ou moins considérables dans le cours des eaux qui, tant que les eaux conservent le même canal, sont des accidents naturels réglés, comme nous l'avons vu plus haut, par le droit d'alluvion.

Il importe aussi, à cause de la différence des règles à appliquer, de ne pas confondre le cas où il y a changement de lit, le seul que le législateur ait eu en vue dans l'art. 563, avec celui où il y a simple inondation. A cet égard, voici une ligne de démarcation entre les deux cas qui nous paraît excellente : il faut rechercher, non quelle est la durée de l'invasion des eaux, mais uniquement de quelle cause procède cette invasion. Si c'est d'une cause qui, de sa nature, est permanente, telle qu'un immense bouleversement des terres, ou le changement d'embouchure d'une rivière, l'on doit admettre qu'il s'est plutôt opéré un changement de lit ; si c'est seulement une cause, de sa nature, temporaire, telle qu'une rupture de digues, un éboulement, des amas de sables, des orages et des pluies excessives, qui a produit la dérivation, il semble que l'on doit plutôt considérer cette invasion comme une simple inondation. (Conf. M. Daviel, n° 145.)

Lorsqu'à la suite d'un débordement, ou par l'effet de toute autre cause physique, une rivière s'est ouverte dans la plaine un nouveau bras, et qu'après un temps plus ou moins long ce bras est devenu de plus en plus considérable, il est souvent difficile de constater, en fait, si ce bras constitue un nouveau lit, et si l'ancien canal, où le fleuve était auparavant exclusivement renfermé, doit être, ou non, considéré comme abandonné. Une première règle, à cet égard, est que le fleuve peut être réputé avoir abandonné son ancien lit, bien que ce lit ne soit pas encore tout-à-fait à sec, si la quantité d'eau qui s'y est conservée est tellement faible qu'elle ne puisse plus le faire regarder comme un cours d'eau. M. Chardon, n° 180, qui rapporte, en l'approuvant, cette opinion qui est de Bertole, s'est attaché à préciser encore davantage la règle à suivre pour résoudre ici la difficulté : « Les experts, » dit-il, « en s'assurant de la hauteur des rives, et du point le plus » élevé que les eaux puissent atteindre sans déborder, ver- » ront sur-le-champ si le fleuve, parvenu à ce degré, conti- » nuera de verser ses eaux dans son ancien lit; et, dans ce » cas, en quelle quantité. Pour peu que cette quantité soit » importante, il faudra reconnaître que le fleuve s'est ouvert » un nouveau bras, sans pour cela abandonner son ancien » lit, qui lui est encore nécessaire, puisque, sans ce moyen » d'écoulement, il déborderait plutôt. »

Lorsqu'un cours d'eau tend à quitter son ancien lit, ou l'a déjà abandonné, et qu'il s'agit d'une rivière navigable ou flottable, l'administration peut, sauf indemnité accordée aux particuliers, faire tous les travaux nécessaires pour maintenir ou rétablir les choses dans l'état convenable. M. Chardon, n° 182, pense que l'équité exige la même décision pour le cas où ce seraient des particuliers qui, désirant conserver les avantages de la contiguité du cours d'eau, voudraient élever des ouvrages dans le but d'empêcher les eaux d'abandonner leur ancien lit et de cesser de rendre les services qu'en retiraient les riverains.

Aux termes de l'art. 563, les propriétaires des fonds nouvellement occupés prennent l'ancien lit à titre d'indemnité, « chacun dans la proportion du terrain qui lui a été enlevé ; » c'est-à-dire que, le lit abandonné étant divisé en parties égales, il sera attribué à chaque propriétaire un certain nombre de ces parties, au prorata de la surface d'héritage qu'a envahie le fleuve en se creusant un nouveau lit.

Il est bien entendu que, quand bien même le lit abandonné se trouverait excéder en étendue l'espace de terrain nouvellement envahi, il n'en devrait pas moins être compris tout entier dans le partage. La loi, en effet, l'attribue en totalité, et pour tous les cas sans distinction, aux propriétaires qui fournissent au fleuve son nouveau lit sur leurs terrains. Il y a là une espèce de forfait, puisque, dans bien des circonstances, il peut arriver, au contraire, que le terrain occupé par le nouveau lit soit plus étendu que celui qui était occupé par l'ancien.

Les propriétaires des fonds nouvellement occupés par le nouveau lit d'un fleuve n'acquièrent, dans l'ancien lit, qu'un terrain qui n'est pas contigu, ni même adjacent à leurs héritages. Or, il est sensible que, si chaque propriétaire est forcé de recevoir en nature une portion de ce terrain, cette portion, dans une infinité de cas, se trouvera si exiguë, qu'en raison de la situation qu'elle occupe elle sera pour lui à peu près sans valeur. Aussi sommes-nous d'avis qu'un seul des propriétaires pourrait ici forcer les autres à faire la licitation de cet ancien lit abandonné. A cet égard, il faut, en effet, observer que le terrain dont il s'agit leur est attribué à tous par la loi comme une chose indivise; d'où il suit qu'étant ainsi placés, par rapport à ce terrain, dans une espèce de société, ils peuvent dès lors invoquer l'art. 1872 du C. Nap., qui, pour le partage, renvoie aux règles concernant les successions, et, par conséquent, à l'art. 827, lequel autorise la licitation. Il y a d'ailleurs l'art. 1686 qui pourrait encore être ici invoqué par les propriétaires pour faire écarter le fractionnement en nature. Cette opinion nous semble d'autant plus rationnelle, qu'en définitive l'on doit supposer qu'il a été dans le vœu de la loi que l'indemnité offerte aux propriétaires des fonds nouvellement occupés ne puisse, dans tel ou tel cas donné, se réduire, pour ainsi dire, à rien.

Section III.

DU DROIT D'ACCESSION RELATIVEMENT A CERTAINS ANIMAUX QUI, PAR L'HABITUDE QU'ILS CONTRACTENT DE DEMEURER DANS UN FONDS, EN DEVIENNENT EN QUELQUE SORTE LES ACCESSOIRES.

Indépendamment des animaux tout-à-fait sauvages, qui deviennent la propriété du premier occupant, et des animaux tout-à-fait domestiques, qui sont l'objet direct d'un droit de propriété ordinaire, et ne cessent d'appartenir à leur maître lorsqu'ils viennent à être égarés, il en est d'une nature mixte qui ne sont ni tout-à-fait sauvages, ni tout-à-fait domestiques, et qui ne deviennent l'objet du droit de propriété qu'indirectement, c'est-à-dire en tant qu'accessoires du fonds où ils ont, pour ainsi parler, établi leur domicile. Tels sont, par exemple, les pigeons, dont Buffon a dit : « Ils ne sont » réellement ni domestiques, comme les chiens et les che- » vaux, ni prisonniers comme les poules ; ce sont plutôt » des captifs volontaires qui ne se tiennent dans le logement » qu'on leur offre qu'autant qu'ils s'y plaisent, qu'autant » qu'ils y trouvent la nourriture abondante, le gîte agréable » et toutes les commodités de la vie. Pour peu que quelque » chose leur manque ou leur déplaise, ils quittent et se dis- » persent pour aller ailleurs. »

Le Code s'occupe spécialement de ces animaux dans l'art. 564 ainsi conçu : « Les pigeons, lapins, poissons, qui passent dans un autre colombier, garenne ou étang, appartiennent aux propriétaires de ces objets, pourvu qu'ils n'y aient pas été attirés par fraude et artifice. » Cet article nous présente bien un cas d'acquisition immobilière par accession, c'est-à-dire par la puissance de la chose elle-même, *vi ac potestate rei*, puisque l'art. 524 du même Code déclare immeubles par destination les animaux dont il s'agit.

« Pour bien comprendre ce droit d'accession, » dit Po-

thier, *de la propriété*, n° 166, « il faut observer que les pi-
» geons de nos colombiers, étant des animaux *feræ naturæ*,
» qui sont dans la liberté, *in laxitate naturali*, nous ne
» sommes proprement ni propriétaires, ni possesseurs de
» ces pigeons *per se;* nous ne le sommes qu'autant qu'ils
» sont censés faire partie de notre colombier, dans lequel
» ils se sont établis; car lorsque ces animaux se sont établis
» dans un colombier, ils sont censés, tant qu'ils conservent
» l'habitude d'y aller et venir, ne composer avec le corps
» du colombier qu'une seule et même chose, savoir, un
» colombier peuplé de pigeons, et ne faire ensemble qu'un
» seul et même tout, dont le corps du colombier est la partie
» principale, et dont les pigeons, qui le peuplent, sont les
» parties accessoires. »

Dans ce cas particulier, comme au cas de l'alluvion et du relai, une propriété s'enrichit au détriment d'une autre propriété, et cela, sans que le propriétaire favorisé ait fait acte de travail et d'industrie, puisque ce mode d'acquisition s'opère même à son insu.

Ajoutons que cette sorte d'acquisition par accession est d'autant plus lucrative qu'habituellement les pigeons des colombiers et les lapins des garennes s'élèvent aux dépens des propriétés voisines. Mais nous ferons remarquer que le Code, dans l'art. 564, n'a réglé que l'attribution de la propriété pour le cas d'émigration, avec perte de l'esprit de retour, des pigeons et lapins d'une garenne ou d'un colombier; corrélativement à cette acquisition de propriété, naît manifestement contre le propriétaire favorisé l'obligation éventuelle de réparer le dommage qui serait causé aux voisins par les nouveaux hôtes de son domaine.

Lorsque les animaux dont il est question dans l'art. 564 quittent leur colombier, leur garenne ou leur étang, pour aller, en quelque sorte, établir leur domicile sur un autre fonds, le propriétaire de ce fonds en deviendrait-il propriétaire, s'il les avait attirés par fraude ou artifice?

Pothier paraît admettre l'affirmative, n° 167 : « Nous » pouvons, à la vérité, » dit-il, « acquérir très-légitimement » les pigeons qui désertent les colombiers voisins pour venir » s'établir dans les nôtres; mais il n'est pas permis de se » servir d'aucune manœuvre pour les y attirer. C'est pour- » quoi, si le propriétaire ou le fermier d'un colombier y » avait préparé quelque appât pour y attirer les pigeons des » colombiers voisins, les propriétaires des colombiers voi- » sins auraient contre lui l'action *de dolo,* ou *in factum,* » pour les dommages-intérêts résultant de ce qu'il aurait, » par cette manœuvre, dépeuplé leurs colombiers. »

Ainsi, le propriétaire qui, par fraude ou artifice, a attiré chez lui les pigeons, lapins ou poissons du voisin, n'est soumis, d'après Pothier, qu'à une simple action en dommages-intérêts : mais il paraît qu'il n'aura pas moins acquis la propriété des animaux dont il s'agit; c'est bien là ce qu'admettent aussi MM. Duranton, t. IV, n° 428; Marcadé, t. II, sur l'art. 564; Ducaurroy, Bonnier et Roustain, t. II, n° 129; Zachariæ, t. I, p. 429.

Mais, comment concilier cette opinion avec les termes mêmes de l'art. 564, qui déclarent propriétaires des animaux déserteurs le maître du colombier, de la garenne ou de l'étang nouveau, « *pourvu qu'ils n'y aient point été attirés par fraude et artifice?* » Cette restriction de la fin de l'article est bien concluante en faveur de l'opinion qui n'admet pas, au contraire, que, dans ce cas, il s'opère une acquisition de la propriété (v. MM. Demante, *progr.*, t. I, n° 567 ; Toulier, t. II, p. 287; Chavot, *de la propr. mob.*, t. II, n° 538; Demolombe, t. X, n° 178), et l'on peut encore argumenter dans le même sens de cette déclaration de M. Faure, rapporteur du Tribunat, que l'improbité ne devait pas être un moyen d'acquérir, et que l'ancien propriétaire *conservait ses droits sur les animaux.*

En adoptant nous-mêmes cette dernière opinion, nous ferons observer qu'au surplus le dissentiment qui vient d'être signalé n'a guère d'importance dans la pratique. Car, en fait, cette revendication que nous réservons ici pour le propriétaire des animaux déserteurs n'aboutira presque jamais, par suite de l'impossibilité où sera ce propriétaire, dans la grande majorité des cas, de reconnaître et de constater l'individualité de ses animaux confondus avec d'autres absolument de la même espèce.

Il faut même aller plus loin, et dire qu'également par ce motif l'action en dommages-intérêts n'aboutira pas davantage, du moment qu'il sera très-difficile d'établir que l'un des propriétaires s'est enrichi aux dépens de l'autre. Cependant il n'est pas impossible que le propriétaire des animaux déserteurs puisse, s'il y a eu fraude ou artifice, trouver matière soit à revendicaiion, soit à l'exercice de l'action en dommages-intérêts. Ce serait, quoique très-rarement, dans le cas où les animaux déserteurs auraient continué d'être reconnaissables, soit à raison de ce qu'ils seraient d'une espèce différente, soit à raison de ce qu'ils auraient émigré en masse dans un colombier nouveau non encore peuplé.

Ainsi, d'après ce qui précède, ce n'est que lorsque l'émigration des animaux d'un colombier, d'un étang ou d'une garenne, a eu lieu par suite de fraude ou d'artifice, qu'il y a lieu, pour la conservation du droit de l'ancien propriétaire, de distinguer s'ils sont, ou non, reconnaissables ; mais au cas où il n'y aurait eu ni vol ni artifice, peu importerait qu'après l'émigration ils fussent restés reconnaissables. Ce n'est que comme accesessoires du colombier, de la garenne ou de l'étang qu'ils appartenaient au propriétaire des lieux ; du moment qu'ils cessent d'être des accessoires, le droit de ce propriétaire se trouve éteint ; et alors, en supposant même que les animaux dont il s'agit n'aient pas fait élection d'un nouveau domicile, ils appartiendraient au premier occupant (conf. M. Demolombe, n° 179).

De ce que les pigeons des colombiers, les lapins des garennes, ne sont pas un *gibier, fera bestia*, mais appartiennent, à titre d'accessoires immobiliers, au propriétaire des lieux anciens ou nouveaux qu'ils choisissent pour leur domicile, l'on doit conclure que le fait de les tuer ne constitue pas un fait de chasse.

En conséquence, si on les tue, à une époque où il est permis de les détruire, dans l'intérêt de la conservation des récoltes, il n'est pas besoin d'avoir un permis de chasse (v. art. 1 de la loi du 3 mai 1844).

Si on les tue dans d'autres circonstances, soit pour se les approprier, soit pour tout autre motif, ce fait constitue un vol ou un autre délit. (Comp. Pothier, *de la propriété*, n° 54; art. 379, 479, n° 1 du Code pénal.)

On remarquera que les animaux dont parle l'art. 564 ne sont point possédés *per se* par le propriétaire du fonds ; ils restent *in laxitate naturali :* c'est donc indépendamment du fait du propriétaire, et uniquement comme accessoires de ce fonds qui, seul, est possédé directement par ce dernier, qu'ils sont l'objet du droit de propriété privée : aussi la loi les a-t-elle placés dans la classe des biens immobiliers : au contraire, les lapins renfermés dans des clapiers, les pigeons renfermés dans une volière, étant possédés *per se*, et tombant directement, par suite du fait de l'homme, dans le domaine de celui qui les possède, sans aucune relation avec un fonds dont ils seraient les accessoires, doivent être classés parmi les biens meubles.

On a fait observer que ce qui vient d'être dit des pigeons des colombiers, des lapins des garennes et des poissons des étangs, devait s'appliquer aux lièvres, cerfs et chevreuils, et aux autres animaux *renfermés dans des parcs et enclos :* ainsi, d'après cette observation, les animaux, dans le cas spécifié, seraient l'objet d'un droit de propriété qui s'acquerrait, se conserverait et se perdrait de la même manière que celle des animaux dont parle l'article 564 précité (v. MM. Duranton, t. IV, n°s 428, 429 ; Chavot, *de la Prop. mob.*, t. II, n° 539 ; Marcadé, t. II, p. 470).

Cependant lorsque les lièvres, cerfs et chevreuils, sont renfermés dans des parcs, ils sont plutôt possédés directement, et *per se*, qu'ils ne sont les accessoires d'un fonds où ils se trouvent retenus captifs, sans avoir contracté d'eux-mêmes l'habitude d'y séjourner. Dès lors, il nous semble qu'ici la propriété repose plutôt sur le pur droit d'occupation que sur un droit d'accession. Si les animaux, renfermés dans les parcs, s'en échappaient, ils devraient donc appartenir purement et simplement au premier occupant, et non au propriétaire de tel ou tel fonds voisin par accession du fonds. Si c'était par fraude ou artifice qu'ils se fussent échappés, le propriétaire du parc ou de l'enclos n'aurait qu'une action en dommages-intérêts contre l'auteur de ce fait illicite. Enfin, si les cerfs ou chevreuils, placés sur un domaine, étaient, par suite du laps de temps, devenus tout à fait domestiques, et qu'ils fussent d'ailleurs reconnaissables, nous accorderions au propriétaire la revendication, le mode d'acquisition par occupation au profit d'un tiers ne pouvant prévaloir sur le droit d'un précédent propriétaire qu'au cas où il s'agit d'un animal sauvage.

POSITIONS.

DROIT ROMAIN.

I. La *lex commissoria* pouvait constituer une condition suspensive de la vente.

II. Avant Justinien, il était généralement admis que le vendeur, usant du pacte commissoire, ne pouvait réclamer sa chose qu'au moyen d'une action personnelle.

III. Les lois 3 et 4, au Code *de pactis inter emptorem et venditorem*, sont inconciliables.

IV. Celui qui vend *sub lege commissoriâ* un fonds dont il n'est pas propriétaire, et qui, n'étant pas payé au terme fixé, use du pacte commissoire, peut, pour compléter l'usucapion, joindre à sa possession celle de l'acheteur.

V. L'acheteur *sub lege commissoriâ,* qui a laissé passer le terme fixé sans payer, ne peut ensuite purger sa demeure et enlever au vendeur le droit de résolution, par cela seul qu'il offre le prix.

VI. L'acheteur *sub lege commissoriâ* n'a pas besoin, pour éviter la résolution, de consigner judiciairement le prix : il lui suffit de prouver que c'est par la faute du vendeur que le prix n'est pas payé.

VII. La détermination d'un délai fixe dans lequel l'acheteur doit payer n'est pas un élément essentiel du pacte commissoire.

VIII. Dans le cas où la *lex commissoria* a été apposée à la vente sans fixation de délai, il faut accorder à l'acheteur un certain temps, *modicum tempus*, pendant lequel il peut éviter la résolution en payant.

IX. Le vendeur usant du pacte commissoire est obligé de restituer les à-compte qu'il a touchés.

X. Le possesseur de bonne foi, dans la jurisprudence classique, faisait les fruits siens par la perception avant la litiscontestation.

XI. La nécessité de la consommation ne fut introduite que par les constitutions impériales, peut-être par le rescrit de Dioclétien et de Maximien, L. XXII, C. *de rei vindicatione.*

DROIT FRANÇAIS.

XII. Les particuliers peuvent, par leurs libres conventions, consentir et créer d'autres démembrements de la propriété que ceux établis formellement par le Code Napoléon.

XIII. Les constructions faites par un fermier sur le fonds affermé nous paraissent devoir être régies par les dispositions générales de l'article 555 du Code Napoléon.

XIV. Celles faites par un usufruitier sur le fonds soumis à l'usufruit nous paraissent, au contraire, devoir être régies par les dispositions exceptionnelles de l'art. 599 du même code.

XV. Le droit du possesseur de bonne foi à la plus-value des constructions par lui faites ne doit pas se compenser avec les fruits par lui perçus.

XVI. L'alluvion profite au propriétaire riverain, lors même que ses propriétés sont closes de murs du côté de la rivière.

XVII. Un fermier n'a pas droit, en principe, à la jouissance des terrains d'alluvion.

XVIII. L'héritier pur et simple du possesseur de mauvaise foi acquerra les fruits, s'il est lui-même de bonne foi.

XIX. Le possesseur de bonne foi n'acquiert pas les fruits civils jour par jour comme l'usufruitier : il ne les acquiert que par le paiement même qu'il en reçoit.

XX. L'usufruitier ne peut contraindre le nu-propriétaire à faire les grosses réparations.

DROIT ADMINISTRATIF.

XXI. Le refus de sépulture ecclésiastique ne peut donner lieu par lui-même au recours comme d'abus contre le ministre du culte.

DROIT CRIMINEL.

XXII. La prescription décennale de l'art. 637 (C. *Inst. crim.*) est commune à l'action publique et à l'action civile.

XXIII. L'art. 365 (C. *Inst. crim.*), en cas de cumul de délits à punir, est applicable aux crimes et aux délits de police correctionnelle, non aux contraventions de simple police. Au reste, la règle, *que la plus forte peine absorbe toutes les autres*, est loin, au point de vue de la science comme à celui de la raison, d'être à l'abri de tout reproche.

DROIT DES GENS.

XXIV. Une nation a le droit de s'opposer aux empiétements d'une autre nation.

XXV. Je soutiens qu'il est contraire aux lois de la guerre, même les plus rigoureuses, de livrer une cité au pillage.

XXVI. Un navire ennemi qui, pour échapper au naufrage, est contraint de chercher asile dans un port français, peut être capturé.

Vu par le doyen, président de la thèse,

C.-A. PELLAT.

Permis d'imprimer :

Le Vice-Recteur,

ARTAUD.

TROYES, TYP. BOUQUOT.

www.ingramcontent.com/pod-product-compliance
Ingram Content Group UK Ltd.
Pitfield, Milton Keynes, MK11 3LW, UK
UKHW021128220726
13924UKWH00004B/1955